Eine ostdeutsche Apostelgeschichte des 14. Jahrhunderts

(aus dem Königsberger Staatsarchiv, Handschrift A 191)

Herausgegeben

von

Walther Ziesemer

Max Niemeyer Verlag

Halle (Saale)

1927

Altdeutsche textbibliothek, begründet von H. Paul †,
herausgegeben von G. Baesecke
nr. 24

Druck von Karras, Kröber & Nietschmann, Halle (Saale)

Inhalt.

Einleitung.

Wenn ich es unternehme, eine „Ostdeutsche Apostelgeschichte des 14. Jahrhunderts" zum abdruck zu bringen, so leiten mich dabei vornehmlich zwei erwägungen. Erstens halte ich es für zweckmäßig, daß unsere studenten sich mit den vielfachen versuchen, die bibel zu verdeutschen, mit der lutherischen sowohl wie den vor- und nachlutherischen übersetzungen eingehend beschäftigen. Es ist ein jahrhundertelanges ringen um die aneignung des bedeutendsten werks der weltliteratur, und diesen prozeß zu beobachten ist nicht bloß eine aufgabe der laut- und formenlehre, wort- und satzbildung, sondern der sprachgeschichte im weitesten sinne, d. h. bildungs- und geistesgeschichte unseres volks. Jede originale übersetzung auch nur eines teils der bibel kann da unsere erkenntnis fördern. Zweitens scheint es mir berechtigt, grade eine ostdeutsche übersetzung vorzulegen, um auch von hier aus einen beitrag zur grundlegung der nhd. schriftsprache auf kolonialem boden zu liefern. Seit mehr als vierzig jahren hat Konrad Burdach in seinen bekannten werken diesen gedanken der entstehung der nhd. schriftsprache auf dem boden Ostdeutschlands überzeugend vertreten, indem er auf die zentrale kultur der Luxemburger in Böhmen, die nahen beziehungen Böhmens zu Schlesien und Obersachsen, ja auf die kultureinheit von der Moldau bis zum Pregel hinwies [1]). Das Deutschordens-

---

[1]) Zuletzt: „Vom Mittelalter zur Reformation". 5. band: Schlesisch-böhmische briefmuster aus der wende des 14. jahrhunderts. Berlin 1926.

land Preußen, staatlich in sich geschlossen, gehört in seinen kulturellen grundlagen und beziehungen zum ostelbischen kolonialland. Nicht als ob es sich mit diesem in jeder hinsicht decken müßte — das verboten schon die mit der organisation eines geistlichen ritterordens verbundenen erscheinungen —, aber in der herkunft der siedler, in recht, sprache u. a. bildet es mit den andern ostdeutschen kolonialländern eine kulturgemeinschaft.

Die herkunft der ordensritter und priesterbrüder läßt sich für die ersten jahrzehnte in Preußen nur lückenhaft bestimmen, es kann aber schwerlich ein zweifel sein, daß sie in der mehrzahl aus Mitteldeutschland stammten. Mit sicherheit läßt sich feststellen, daß die ersten kreuzfahrer, die 1233 in der begleitung des burggrafen Burkard von Magdeburg nach Preußen kamen, dem magdeburgisch-meißnischen adel angehörten.[1]) Sie waren vorwiegend im Vogtland, in Meißen, der Lausitz und Schlesien ansässig und wurden nun im Kulmerland, Pomesanien und Oberland angesiedelt. Das mittlere Ermland wurde infolge der kolonisationsarbeit der bischöfe vornehmlich durch siedler aus Schlesien besetzt, deren dialekt noch heute im volke als „breslauisch" bezeichnet wird. Die städtische bevölkerung dieser preußischen landschaften kam vorwiegend aus denselben mitteldeutschen gegenden und wohl auch die bäuerliche, freilich sind wir für die letztere mehr auf allgemeine erwägungen angewiesen. Die küstenstriche des ordenslandes wurden aus den weiten gebieten Niederdeutschlands besiedelt. Der orden ließ die niederdeutsche sprache dieses teils seiner bevölkerung unberücksichtigt: er gebrauchte von vornherein das mitteldeutsche als amts- und geschäftssprache. Das kulmische recht, eine übertragung des magdeburgischen rechts auf preußische verhältnisse, war gleichfalls in mitteldeutscher sprache geschrieben. In den urkunden und wirtschaftsbüchern

---

[1]) C. Krollmann, Die herkunft der deutschen ansiedler in Preußen. Zeitschr. d. westpr. geschichtsvereins 54, 1 ff. (1912).

wurde eine trotz allen individuellen abweichungen ein-
heitliche ostmitteldeutsche (omd.) sprache angewandt,
die der in Schlesien und Obersachsen damals gebräuch-
lichen amtssprache nahestand. Ähnliches gilt von den
dichtungen des ordens.

Die Königsberger apostelgeschichte (K) reiht sich
an die bibeldichtungen des ordens an.[1]) Die dichtung
des ordens ist, seinem wesen als verkörperung von
rittertum und mönchtum — *miles christianus* — ent-
sprechend, unter ausschaltung höfisch-gesellschaftlichen
geistes auf zwei stoffgebiete beschränkt: geschichtliche
und geistliche dichtung. Erstere besteht für ihn im
wesentlichen in der poetisierten geschichte des ordens,
letztere in heiligenleben und bibeldichtung. Geistliche
lyrik kommt kaum, geistliches schauspiel gar nicht zu
wort. Die legendenpoesie, anfangs besonders gepflegt,
weicht immer mehr der umdichtung biblischer bücher,
wobei solche geschichtlichen inhalts bevorzugt werden:
Makkabäer, Daniel, Hiob, Esdras und Neemyas, Hester,
Judith, Apokalypse, dazu die historien der alden e.
Zweifellos sollten diese werke, wie es die ordensstatuten
geboten, bei den gemeinsamen mahlzeiten vorgelesen
werden. Man dachte dabei immer nur an eine ver-
wendung dieser bücher in den ordensburgen, die be-
dürfnisse der übrigen bevölkerung des landes blieben
beiseite; denn der leitende gedanke für die entstehung
dieser bibeldichtungen war der, daß die ordensbrüder
das bibelwort in deutscher sprache kennen lernen und
dadurch immer neue geistliche nahrung erhalten und
in ihrem glauben gestärkt werden sollten. Ihnen sollten
die heiligen gestalten immer wieder als vorbilder, denen
sie nacheifern müßten, hingestellt werden, damit sie
selbst in den grundideen des ordens gefestigt und da-
durch wahre gottesstreiter würden. In diesen dichtungen
war der bibeltext die hauptsache, er konnte gelegent-

---

[1]) Vgl. Hübner, Daniel, eine Deutschordensdichtung 1911,
s. 85 ff. Helm, Die literatur des Deutschen Ordens im mittel-
alter. Zeitschr. f. deutsch. unterricht 1916. 30, 368 f.

lich mit hilfe von kommentaren erweitert und erläutert
werden. Wahrscheinlich bestand der plan, die ganze
bibel nach und nach in einzeldichtungen umzubilden,
aber er kam nicht zur vollen ausführung. Nun ging
man noch einen schritt weiter: der Minoritenkustos
Claus Cranc unternahm auf veranlassung des ordens-
marschalls und Königsberger komturs Siegfried von Dahe-
feld (1347—59) eine übersetzung der großen und kleinen
propheten, wobei er die prosa anwendet und nur durch
eine gereimte vorrede und eine „auslegung", in welcher
er im anschluß an Ezechiel über den tempelbau spricht,
sich zutaten erlaubt.[1])

Neben die prophetenübersetzung tritt unsere apostel-
geschichte, die weder eine gereimte vorrede noch kom-
mentare, sondern lediglich den bibeltext (mit der ersten
vorrede des Hieronymus) enthält. Sie ist ohne zweifel
in die reihe der bibelübertragungen aus dem kreise des
Deutschen Ordens mit einzubeziehen. Wo die über-
setzung entstanden ist, läßt sich nicht mit sicherheit
sagen, wahrscheinlich in einem preußischen ordenshause;
da wird der sitz des ordensmarschalls, Königsberg, oder
der des hochmeisters, Marienburg, in erster linie in
frage kommen. Der verfasser war gewiß ein geist-
licher, vielleicht ein priesterbruder des ordens; ob
er mit C. Cranc, dessen prophetenübersetzung sich
in der gleichen handschrift befindet, identisch ist,
darüber weiter unten. Die entstehungszeit läßt sich
nur ungefähr angeben: um die mitte des 14. jahr-
hunderts.

Die herkunft unserer übersetzung aus der ordens-
sphäre wird weiter durch einige eigentümlichkeiten des
wortschatzes nahegelegt, die sie mit anderen werken
der ordensliteratur gemeinsam hat:

1, 16 *leitsman* (*dux*), das sonst noch bei Jer. Pass.
Väterb. Macc. Hest. belegt ist; Schill.-Lübb. II, 657
leidesman.

---

[1]) Ein Nicolaus als kustos der Minoriten in Preußen er-
scheint urkundlich 1323, 1324, 1335.

13, 9 *tigir* (*blicte in t. an — intuens*) ist nur im Pass. und auffallend oft in Apok. belegt, meist in der verbindung *t. sehen.* Nach Schill.-Lübb. I, 497 ist das entsprechende *deger* im ganzen mnd. sprachgebiet zu belegen.

27, 17 *swalk des meris* (*Syrtis*) ist sonst nur im Pass. Jer. Hiob belegt.

2, 20. 26, 18 *duistirnisse* (*tenebrae*) kommt sonst noch wiederholt in Heslers Ev. Nic. vor. — Nicht gleichgültig scheint mir der neutrale gebrauch von *werder* 27, 16 zu sein: mhd. heißt es bekanntlich *der wert,* Lex. III, 796, im Sachsenspiegel und der ordenspoesie (Pass. Jer. Dan.) *der werder,* mnd. ist *der werder* nach Schill.-Lübb. V, 675 nur in Bremen und Oldenburg, sonst von Lübeck und Hamburg östlich das neutrum, in der geschichtsschreibung und amtssprache des ordens wie in den heutigen dialekten ist ausschließlich das neutrum üblich. — Das bei Lexer und auch sonst m. w. mhd. nicht belegte *bot* m. (*scapha*) 27, 16 ff. ist sicherlich von der mnd. küstensprache allmählich tiefer ins land gedrungen und scheint in der ordenssprache verhältnismäßig früh eingang gefunden zu haben. Im ausgabebuch des Marienburger hauskomturs findet es sich in den jahren 1412 und 1414 (s. 80. 148). — Die femininform *dy havene* (27, 12 ff. *portus*) ist die im mnd. übliche, während Lex. nur das mask. bucht. — 27, 29 weist *dy stevene* (der übersetzer verwechselt freilich *puppis* und *prora*) auf kenntnis der schiffsbezeichnungen hin, und dem lassen sich 27, 12 ff. die bezeichnungen für die windrichtungen anreihen.

Die angeführten besonderheiten (ordenssprache und mnd. beeinflussung, namentlich der seemannssprache) lassen sich wohl am ungezwungensten durch die annahme erklären, daß der übersetzer im ordensland Preußen arbeitete und vielleicht auch in ihm aufgewachsen war.

Noch nach einer andern richtung hin verdient der wortschatz beachtung. Karl v. Bahder hat in seiner vortrefflichen arbeit über den wortschatz Luthers auf den oberdeutsch-mitteldeutschen gegensatz der wort-

wahl hingewiesen.[1]) Er bemerkt mit recht, daß sich in
der prosasprache Ostmitteldeutschlands seit dem 14. jahr-
hundert ein wortschatz ausbildete, der dem nhd. schon
sehr nahe steht,[2]) woraus sich berührungen des omd.
wortschatzes mit dem Luthers leicht ergeben. Für diese
frage bietet, glaube ich, ein vergleich der Königsberger
übersetzung (K) mit der Septemberbibel Luthers von
1522 (L) ein erwünschtes material. Dabei ist natürlich
der zeitliche abstand von 150 bis 170 jahren zu be-
rücksichtigen. K stellt sich zeitlich in die nähe der
für Matthias von Beheim angefertigten evangelienüber-
setzung von 1343, die Bechstein aus der Leipziger hs.
herausgab (B),[3]) und auch räumlich stehen sie zu-
sammen, insofern sie beide omd. sprache und kultur
angehören. Demgegenüber steht Mentels erster bibel-
druck von 1466 (M), dessen vorlage, mit K ungefähr
gleichzeitig, im wortschatz oberdeutsches gepräge zeigt
und wahrscheinlich einer bayrischen landschaft an-
gehört.[4]) Ich greife einige beispiele heraus, in denen
der omd. wortschatz von K und L gegen den obd. von
M steht:

1, 3 *passio* M *marter* — K *liden,* L *leyden.*
1, 10 *vestis* M *gewand* — K *cleyt,* L *kleyd.*
12, 13 *puella* M *diern* — K *mayt,* L *magd.*
2, 18 *ancillae* M *diern* — K *mayde,* L *megde.*
5, 26 *minister* M *ambechter* — K *diner,* L *Diener.*
7, 27. 10, 42 *judex* M *vrteiler* — K *richtir,* L *richter.*
7, 7 *judicare* M *vrteilen* — K *richten,* L *richten.*
5, 15 *platea* M *strasse* — K *gazze,* L *gasse.*
3, 11. 5, 12 *porticus* M *vorlaube* — K *halle,* L *halle.*

---

[1]) Zur wortwahl in der frühneuhochdeutschen schriftsprache.
Heidelberg 1925.
[2]) a. a. o. 2, anm.
[3]) Des Matthias von Beheim evangelienbuch in mittel-
deutscher sprache 1343, hrsg. von R. Bechstein. Leipzig 1867.
[4]) Kurrelmeyer, Die erste deutsche bibel, bd. X, St. L. V. 266,
s. XIII ff. Auf die aus der vorlage geflossenen Tepler und
Freiberger codices brauche ich nicht weiter einzugehen. Vgl.
auch v. Bahder, a. a. O. 13, anm. 1.

11, 3 *praeputium* M *vberwachsung* — K *vorhutchen,* L *vorhaut.*

5, 31. 13, 23 *salvator* M *behalter* — K *heilant,* L *heyland.*

18, 12 *tribunal* M *gericht* — K *richtstul,* L *richtstuel.*

1, 3 *argumentum* M *eroffnung* — K *bewisunge,* L *Erweysung.*

16, 16 *quaestus* M *gewin* — K *geniez,* L *genies.*

1, 4 *discedere* M *scheiden* — K *wichen,* L *weichen.*

2, 21. 11, 14 *salvus* M *behalten* — K *selic,* L *selig.*

3, 4 *respicere* M *schawen* — K *sehen,* L *sehen.*

7, 51 *resistere* M *widersten* — K *widirstreben,* L *widderstreben.*

13, 36 *dormire* M *sterben* — K *entslafen,* L *entschlaffen.*

5, 5 *exspirare* M *sterben* — K *den geist ufgeben,* L *den geist auffgeben.*

4, 9 *infirmus* M *siech* — K *crank,* L *krank.*

9, 37 *ut infirmata moreretur* M *das sy siecht vnd starb* — K *das sye cranc wart und irstarb,* L *das sie kranck wart vnd starb.*

10, 3 *manifeste* M *offenlich* — K *offenberlichen,* L *offenberlich.*

4, 12. 7, 25 *salus* M *behaltsam* — K *heil,* L *heyl.*

1, 2 *assumtus est* M *er wart entphangen* — K *er ufgenomen wart,* L *er auffgenomen wart.*

1, 2 *apostolus* M *botte* — K *apostel,* L *apostel.*

1, 25 *apostolatus* M *botheit* — K *amt des apostels,* L *apostel amt.*

1, 6 *convenerant* M *di do warn gesament* — K *die da zusamne kumen waren,* L *da sie nu zu samen komen waren.*

3, 10 *contigerat* M *was geschechen* — K *widirvaren was,* L *widderfaren war.*

3, 15 *suscitavit* M *erstund* — K *hat irwackit,* L *hatt aufferweckt.*

5, 8 *tanti* M *alsuil* — K *also ture,* L *so thewr.*

17, 10 *confestim* M *zehant* — K *alsobald,* L *also bald.*

16, 23 *diligenter* M *fleyssigklich* — K *mit vlize*, L *mit vleyße.*

9, 10 *discipulus* M *iungling* — K *jungir*, L *iunger.*

9, 36 *discipula* M *iunglingin* — K *jungerinne*, L *iungeryn.*

9, 21 *expugnare* M *anstreiten* — K *vahn und vorstoren*, L *verstoren.*

1, 19. 2, 5 *habitare* M *entwelen* — K *wonen*, L *wonen.*

9, 33 *paralyticus* M *lidsuchtig* — K *gychtik*, L *gichtpruchtig.*

26, 3 *patienter* M *gefridsamklich* — K *geduldiclichcn*, L *gedultiglich.*

9, 5 *persequi* M *iagen* — K *vorvolgende echten*, L *verfolgen.*

2, 16 *propheta* M *weyssage* — K *prophete*, L *prophete.*

7, 30 *rubus* M *hefdorn* — K *pusch*, L *pusch.*

9, 34 *sanare* M *gesunden* — K *gesunt machen*, L *gesund machen.*

11, 5 *usque ad* M *vntz zu* — K *bes zu*, L *bis zu.*

3, 25 *benedicentur* M *werdent gesegent* — K *sullen gebenediet werden*, L *sollen benedeyet werden.*

In den späteren umarbeitungen von M, besonders der sog. vierten bibel von G. Zainer (Z) sind manche wörter beseitigt und durch neue ersetzt worden;[1]) diese decken sich in vielen fällen mit den bei K und L gebrauchten bezeichnungen, z. b.: *apostel* (f. *botte*), *apostelampt, iungerin, wonen, dicner, gichtbrüchig, duldigklich, busch* u. a. Das Leipziger evangelienbuch (B) weist in seinem wortschatz, wie es nur natürlich ist, zahlreiche berührungen mit K (und L) auf, z. b.: *apostele, heilant, kleit, maget, lende* (*lumbus*, M *lancke*), *geludeme* (*tumultus*, M *ruff*), *mushus* (*coenaculum*), *sunnabent* (so auch K, M hat *Samstag*, L *Sabbath*), *selig, irwecken, wichen, entslafen, gichtic* usw. Wenn md. wortschatz in die späteren auf obd. boden entstandenen bibelbearbeitungen

---

[1]) Vgl. die textabweichungen bei Kurrelmeyer, St. L. V. 234, 238, und Ed. Brodführer, Untersuchungen zur vorlutherischen bibelübersetzung. Halle 1922 (Hermaea XIV).

eindringt, so wird dadurch bestätigt, was K. v. Bahder
a. a. o. 2, anm. 1, sagt: „So setzte schon vor Luther die
beeinflussung auch der literatursprachen des südens und
westens durch das ostmd. im wortgebrauch ein, indem
namentlich die diesem ungeläufigen worte zurück-
traten."

Die berührungen zwischen K und L beziehen sich
aber nicht bloß auf die wortwahl, sondern auch auf
wortstellung, satzbau und stil. Es würde hier zu weit
führen, wenn ich auf syntaktische und stilistische fragen
einginge, auf die behandlung der haupt- und neben-
sätze, die auflösung bzw. beibehaltung von partizipial-
konstruktionen u. dgl. Wohl aber dürfte ein überblick
über weitere beziehungen von K und L erwünscht sein,
indem auf den abstand beider von M hingewiesen sei;
auf die späteren bearbeitungen von M gehe ich dabei
nicht ein.

1, 16 *oportet impleri scripturam* — M: *es gezimpt zu
derfullen die schrifte*; K: *di schrift mus irvullit werden*;
L: *Es muste diße schrifft erfullet werden.*

2, 30 *de fructu lumbi ejus sedere super sedem ejus*
— M: *zesitzen auf sein gesesse von dem wucher seiner
lancken*; K: *daz eynr uz der vrucht synr lenden solde
sitzen uf sime stule*; L: *das die frucht seyner lenden
sollt auff seynem stuel sitzen.*

2, 37 *quid faciemus?* — M: *zeigt uns was tu wir?*
K: *was sulle wir tun?* L: *was sollen wyr thun?*

3, 2 *ut peteret eleemosynam ab introeuntibus in
templum* — M: *das er iesch das almusen von den
genden in den tempel*; K: *uf daz er da daz almusen
bete von den, die da in den tempil gingen*; L: *das er
bettellte das almosen von denen, die ynn den tempel
giengen.*

3, 4 *respice in nos* — M: *schaw an vns*; K: *sich uns
an*; L: *sihe vns an.*

3, 6 *argentum et aurum non est mihi . . . surge et
ambula* — M: *g. u. s. ist mir nit . . . ste auf . . vnd
gee*; K: *g. u. s. inhan ich nicht . . stant uf und wandre*;
L: *s. v. g. hab ich nicht . . stand auff vnd wandele.*

3, 18 *pati Christum suum* — M: *zu erleiden seinen gesalbten*; K: *daz sien Cristus liden solde*; L: *das seyn Christus leyden sollt.*

4, 11 *lapis, qui reprobatus est a vobis aedificantibus* — M: *der stein, der do ist versprochen von euch bauwern*; K: *der steyn, der van uch wercluyten vorwurfen ist*; L: *der steyn, von euch bawlewten verworffen.*

6, 7 *multa etiam turba sacerdotum obediebat fidei* — M: *ioch manig gesellschaft der pfaffen die gehorsampt mit dem gelauben*; K: *ouch so begunde eyne groze schar der pristre dem gelouben gehorsam zu werden*; L: *es worden auch viel priester dem glawben gehorsam.*

7, 37 (vgl. 3, 22) *prophetam suscitabit vobis Deus* — M: *Got der erstet euch einen weyssagen*; K: *Got der wirt uch eynen propheten irwecken*; L: *Eynen propheten wirt euch Gott ewr herr erwecken.*

8, 9 (vgl. 5, 36) *dicens se esse aliquem magnum* — M: *sagent sich zesein einen micheln*; K: *er sprach, daz er etwas grosiz were*; L: *gab fur, er were etwas grosses.*

8, 8 *factum est gaudium magnum* — M: *wann michel freud wart gemacht*; K: *so wart da groze vrowde*; L: *vnd wart eyn grosse freud.*

9, 6 *et ibi dicetur tibi, quid te oporteat facere* — M: *vnd do wirt dir gesagt was dir gezimpt zethun*; K: *und da wirt man dir sagen, was du must tun*; L: *da wirt man dyr sagen, was du thun sollt.*

12, 2 *occidit autem Jacobum fratrem Joannis gladio;* — M: *wann er erschlug Jacob den bruder Johannes mit eim waffen*; K: *er tote Jacobum Johannis brudir mit dem swerte*; L: *er todtet aber Jacobon Johannes bruder mit dem schwerd.*

12, 12 *qui cognominatus est Marcus* — M: *der do ist vbernant Marchus*; K: *der zu syme zuname Marcus hiez*; L: *der mit dem zunamen Marcus hies.*

12, 15 *illa affirmabat, sic se habere* — M: *wann sy vestent sich zehaben also*; K: *abir sy bestetigete is mit iren reden, daz is also were*; L: *sie aber bestund drauff, es were also.*

13, 21 *postulaverunt regem* — M: *ieschen sy ein kunig*; K: *do baten sy um eynen kunig*; L: *baten sie vmb eynen konig.*

13, 26 *vobis verbum salutis hujus missum est* — M: *euch ist gesant das wort der behaltsam*; K: *uch ist das wort disis heilis gesant*; L: *euch ist das wort dises heyls gesand.*

14, 10 *exsilivit et ambulabat* — M: *er sprang vnd gieng*; K: *er sprang uf und wandirte*; L: *er sprang auff vnd wandelte.*

16, 19 *spes quaestus* — M: *zuuersicht irs gewinnens*; K: *hoffenunge iris genisis*; L: *hoffnung yhres genies.*

13, 51 *excusso pulvere pedem* — M: *das gestupp der fusse*; K: *den stoub van iren vuzen*; L: *den stawb von yhren fussen.*

16, 30 *quid me oportet facere, ut salvus fiam?* — M: *was gezimpt mir zetun das ich werd behalten?* K: *was mus ich tun, uf das ich selik werde?* L: *was soll ich thun, das ich selig werde?*

19, 27 *sed et magnae Dianae templum in nihilum reputabitur* — M: *wann auch der michel tempel dyane der wirt geacht zenichten*; K: *sundir ouch der tempil der grozen Dianen wirt vor nicht geachtit*; L: *sondern auch der tempel der grossen Diana wirt fur nichts geachtet.*

23, 29 *nihil dignum morte aut vinculis habentem criminis* — M: *er hett nit wirdig ding des todes oder laster in den banden*; K: *kein lastir, daz des todes oder der bande wert were*; L: *keyn anklage, des todts odder der band werd.*

25, 11 *Caesarem appello* — M: *ich ruff dem keyser*; K: *ich berufe mich an den keyser*; L: *ich beruff mich auff den keyser.*

25, 25 *ego vero comperi nihil dignum morte eum admisisse* — M: *wann ich vand in kein wirdig ding des todes haben begangen*; K: *abir ich han das irvunden, das er keyn ding getan hat, das des todes wert sy*; L: *da ich vernam, das er nichts than hatte, das des tods werd sey.*

27, 29 optabant diem fieri — M: *wir hofften zewerden
den tag*; K: *und begerten, das is tag wurde*; L: *vnd
wunschten das tag wurde.*

28, 6 convertentes se dicebant eum esse deum — M:
sy bekerten sich vnd sagten in zesein gott; K: *do
wanten sy sich umme und sprachen, das er got were*;
L: *verwandten sie sich vnd sprachen, er were eyn Gott.*

7, 60 — (W: *quia nesciunt quid faciunt*)[1]) — M: —;
K: *want sy enwissen nicht was sie tun*; L: *denn sie
wissen nicht was sie thun.*

Diese übersicht, die noch erweitert werden kann,
läßt wohl keinen zweifel darüber, daß die Königsberger
apostelgeschichte dem lutherischen text nahesteht. Wie
sind diese berührungen zu erklären? Luther hat die
Königsberger hs. unter keinen umständen gekannt: das
sagt schon die überlieferung innerhalb des Deutschen
Ordens. Ebensowenig befriedigt die annahme, daß bei
beiden übersetzungen wohl eine ähnliche bildungs-
grundlage oder persönliche anlage vorhanden sei.
Plausibler ist der gedanke, daß K und L vor allem
eine verständliche, les- und hörbare übersetzung geben
wollen, während M, oder genauer gesagt dessen vor-
lage, sich sklavisch an den lateinischen text bindet. Aber
auch das erklärt nur einen teil der übereinstimmungen.
Man wird m. e. der lösung am nächsten kommen,
wenn man die räumliche zusammengehörigkeit
unterstreicht: beide gehören dem omd. kolonialland an,
d. h. der gleichen sprach- und kulturgemeinschaft, in
dem man ähnliche wortwahl, wortstellung und satzbau
verwendete. Ging man in dem gleichen sprachraum an
eine übersetzung des gleichen werks, in der gleichen
absicht, eine deutsche, von lateinischem stil befreite
übersetzung zu liefern, so ergaben sich übereinstimmungen
von selbst. Das wird bestätigt, wenn man einmal das
Leipziger evangelium von 1343 mit der Königsberger
apostelgeschichte sowohl wie mit der Lutherbibel ver-

---

[1]) Vgl. Novum Testamentum rec. Wordsworth-White,
Act. Ap. Oxonii, MDCCCCV zu 7, 60 (s. 85).

gleicht. Individuelle verschiedenheiten bleiben dabei genug vorhanden. Diese omd. übersetzungen stehen gemeinsam gegen die süddeutsche übersetzung, aus der M geflossen ist; daß die späteren obd. bearbeitungen des ersten bibeldrucks durch omd. sprachgebrauch beeinflußt worden sind, wurde oben bereits erwähnt. Die obd.-md. grenzen sind freilich nicht scharf, entlehnungen von wörtern gehen je nach den kulturbewegungen herüber und hinüber, die vielfältige prosa des 15. jahrhunderts verspricht da noch manche aufschlüsse. Der zeitliche abstand zwischen B, K und L von 150 bis 180 jahren und die sprachlichen übereinstimmungen beweisen, daß Luther bei seiner bibelsprache sich einer bewegung anschloß, die schon lange vor ihm in fluß war. So ist es zu erklären, daß wir wiederholt in K wendungen finden, die uns durchaus lutherisch anmuten, ja fast könnte man sagen, die lutherischer sind als Luther selbst.

9,3 *cum iter faceret* — L: *vnd ynn dem er hyn gieng*; K: *und do er des weges wanderte*; [M: *vnd do er macht den weg*].

9,43 *apud Simonem quemdam coriarium* — L: *bey eynem Simon, der eyn gerber war*; K: *bey eyme ledirgerwere, des name was Symon genant*; [M: *bei Simon dem ledrer*].

So ist es auch zu erklären, daß wir in K gelegentliche übersetzungen finden, die sich neben der Luthers behaupten können.

27,20 *et tempestate non exigua imminente* — L: *vnd nit eyn kleyne vnstumickeyt vns auff dem hals lage*; K: *und sich nicht eyn cleynr sturm des windis und des meris widir uns irhub*; [M: *vnd nit ein lutzel vngewitter stund an die zuuersicht*].

8,18 *per impositionem manus apostolorum* — L: *durchs aufflegen der apostel*; K: *in dem, so die apostele ire hende uf dy lute leyten*.

15,10 *imponere jugum super cervices discipulorum* — L: *mit aufflegen des iochs auff der iunger helse*; K: *und wellit uf das genicke der jungere eyn joch legen*.

10, 29 *propter quod sine dubitatione veni accersitus*:
— L: *darumb byn ich auch vngetzweiffelt komen, als ich
byn her gefodert*; K: *darum so quam ich her ane
wankilmutikeit, do ich geladen wart*.

17, 11 *hi autem erant nobiliores eorum, qui sunt
Thessalonicae* — L: *denn dise waren die edlisten vnter
den zu Thessalonich*; K: *und dy waren edilre Juden
den dy, die da zu Thessalonicam wonten*.

7, 54 *stridebant dentibus in eum* — L: *kyrreten mit
zenen vber yhn*; K: *knarschten mit iren zcenen widir in*.

4, 29 *cum omni fiducia loqui verbum tuum* — L: *mit
aller freydickeyt zu reden deyn wortt*; K: *daz si mit allir
kunheit din wort reden musen*; [M: *zereden dein wort
mit aller durstigkeit*].

15, 33 *facto autem ibi aliquanto tempore, dimissi
sunt cum pace a fratribus ad eos, qui miserant illos* —
L: *vnd da sie vertzogen eyn zeytlang, wurden sie von
den brudern mit friden abfertiget zu den Aposteln*;
K: *danach do sye da etliche zit zugebrochten, do wurden
sy van den bruderen in vride gelasen zu den, dye sy
gesant hatten*.

Daneben darf freilich die große zahl der unbeholfenen
übersetzungen in K nicht geleugnet werden, sie zeigt,
wie schwer das ringen des deutschen mit dem fremden
text war. Ebensowenig darf hier übergangen werden,
mit welcher genialität Luther schwierigkeiten über-
wand, denen die anderen übersetzer nicht gewachsen
waren. Er folgt seiner befähigung und neigung zu
sprichwörtlichen formulierungen und schöpft mit der
sicherheit des genies kurze, prägnante wortverbindungen,
wo die andern übersetzer über ein mühevolles stümpern
nicht hinauskommen. So z. b.:

1, 24 *Tu Domine, qui corda nosti omnium* — K: *Du
herre, so du der bist, der aller luyte hercze irkennit*;
L: *Herr, aller hertzen kundiger*.

20, 35 *beatius est magis dare quam accipere* — K: *is
ist me selger daz man gebe den daz man neme*; L:
geben ist seliger denn nemen.

17, 29 *in ipso enim vivimus et movemur et sumus* —
K: *den in im so lebe wir und werden bewegit und syn
ouch in im*; L: *denn ynn yhm leben, weben vnnd
sind wyr.*

26, 24 *multae te literae ad insaniam convertunt* —
K: *den vile buchstabe der schrift dy umwenden dich zu
eyme tobenden*; L: *die grosse kunst macht dich
rasen.*

10, 10 *cecidit super eum mentis excessus* — K: *do vil
uf in eyn ubirtreten des geistis ubir sich selben*; L:
wart er entzuckt.

4, 11 *caput anguli* — K: *houbit eynis winkils*; L:
ecksteyn.

9, 15 *vas electionis* — K: *vas der irwelunge*; L:
auszerwelet rusttzeug.

Zu den kleinen merkmalen, durch die K neben L
gerückt wird, gehört u. a. die voranstellung des ab-
hängigen genitivs. Die Vulgata macht von ihr spar-
samen, M gar keinen gebrauch, z. b. 21, 14 *Domini
voluntas* — M: *der will des herren.*[1]) Anders K, der
eine vorliebe für diese wortstellung besitzt und sie
besonders bei eigennamen, amtlichen und kirchlichen
bezeichnungen verwendet, z. B. 1, 16 *per os David* —
— *durch Davidis munt.* 12, 11 *de manu Herodis* —
in Herodis hant. 1, 4 *promissionem Patris* — *des
vatirs gelubde.* 10, 4 *in conspectu Domini* — *vor des
herren angesicht.* 26, 18 *de potestate Sathanae* — *von
sathanas gewalt.* 24, 1 *princeps sacerdotum* — *der
pristere vurste.* 15, 15 *verba prophetarum* — *der pro-
pheten wort.*[2])

In den angeführten stellen ist von L der genitiv
nicht vorangestellt, sondern die wortstellung der Vulgata
beibehalten worden. Im allgemeinen hat L hierin aber
dasselbe prinzip wie K, z. b.:

---

[1]) Vgl. auch 1, 12. 12, 22. 16, 26. 25, 21. 28, 15.
[2]) Vgl. ferner 7, 21. 10, 17. 13, 21. 22. 26. 21, 8. 11. 19, 11.
28, 3. 22, 20. 10, 28. 14, 24. 13, 10. 12. 19, 18 usw.

5, 12 *per manus apostolorum — durch der Apostel
hend.* 11, 1 *verbum Dei — Gottis wort.* 3, 2 *ad por-
tam templi — fur des tempels thur* usw.

Es ist daher leicht verständlich, daß K und L bei
ihrer gleichen einstellung an denselben stellen den ab-
hängigen genitiv vorangestellt haben — gegen den
gebrauch der Vulgata und M: dadurch wird der ein-
druck der zusammengehörigkeit von K und L verstärkt:

4, 35. 37 *ante pedes apostolorum*; K: *vor der apostele
vuze*; L: *zu der Apostel fussen.* 6, 15 *faciem angeli*;
K: *eyns engils antlitz*; L: *eynes engells angesicht.*
7, 20 *in domo patris*; K: *in synis vatir huyse*; L: *ynn
seynes vaters hauße.* 13, 5 *in synagogis Judaeorum*;
K: *in der Juden synagogen*; L: *ynn der Juden schulen.*
12, 14 *vocem Petri*; K: *Petri stimme*; L: *Peters stymme.*
16, 1 *filius mulieris Judaeae fidelis*; K: *eynir geloubigen
witwen son*; L: *eyns Judischen weybes son, die war
glewbig.*

Auf eine andere erscheinung, die doppelübersetzung,
weise ich nur kurz hin: sie ist für die charakteristik
des übersetzers wichtig.[1]) Es gibt zahlreiche fälle,
in denen durch die anwendung von doppelüber-
setzungen ein größeres gewicht des ausdrucks erreicht
werden soll: 5, 8 *dixit — antworte und sprach.* 3, 15
auctorem — den geber und den merer. 14, 9 *surge —
irhebe dich und stant.* 28, 17 *vinctus — gevangen und
gebunden.* 27, 40 *secundum aurae flatum — vor wage
und vor winde!*

Im ganzen entspringen die doppelwendungen dem
wunsch, deutlich und klar zu sein. Es ist derselbe
wunsch, der den übersetzer häufig veranlaßt hat, er-
klärende zusätze zu machen, damit beim leser oder
hörer keine zweifel über den sinn übrig bleiben.
Besonders gern wird bei den orts- und ländernamen
kurz hinzugefügt, worum es sich handelt: 8, 26 *in*

---

[1]) Vgl. Brodführer a. a. o. 98 ff. Teudeloff, Beiträge zur
übersetzungstechnik der ersten gedruckten deutschen bibel
auf grund der psalmen. Berlin 1922, s. 170 ff.

*Gazam — zu Gazam der stat. 8, 5 Samariae — zu
Samarie in dem lande.* In derselben weise wird 18, 2
Claudius durch *der keysere* und 19, 21 *Dyana* durch
dy gotinne erklärt. Häufig sind erklärende zusätze
dort gemacht worden, wo es sich um fremdwörter oder
schwer verständliche wendungen, namentlich aus jüdisch-
römischem kulturgebiet handelt — wohl auf grund eines
kommentars, z. b.:

12, 3 (20, 6) *dies Azymorum — dy tage, so man
daz brot solde ane surteyk ezzen.*

1, 12 *sabbati habens iter — und der liet .. als vile
wegis als an dem sunnabende irloubit was den Juden
zu wanderen.*

2, 1 *dies Pentecostes — di vumfzig tage uncz zu
pfingisten.*

2, 11 *Proselyti — Proseliti, di da gemachte Juden
sint.*

6, 9 *Libertinorum — uz der synagogen, di da genant
der Libertinorum odir van dem lande das also genant
ist odir daz eygene knechte waren gewesit und waren
vrie gelasen.*

13, 7 *proconsul — und was der hoeste, da dy
burgere der stat iren rat ane suchen mosten.* Darauf
wird dasselbe wort 13, 8 durch *ratgebe,* 13, 12 *der hoeste
herre,* 18, 12 *pflegir des landis* wiedergegeben.

16, 10 *lictores — boten, dy dy lute pflagen zu toden;*
16, 38 *dinere des todis.*

8, 27 *eunuchus — ummechtig zu vleischlicher lust;*
8, 34 ff. *der eunuchus.*

21, 31 *tribuno cohortis — dem tribuno, der tusent
rittere undir im hatte, der ubir dy grosze trucht des
keysers was.*

27, 1 *cohors Augusti — trucht der rittere, die des
keysers rittere waren genant.*

23, 24 *praeses — des keysers richtere.*

7, 42 *militiae coeli — rittirschaft der himele, das
ist dem gestirne.*

28, 8 *dysenteria — van dem unvertigen gange synis
libis, das ist van dem buchubele.*

Es ist nicht zu leugnen, daß K in mehreren fällen falsch übersetzt hat, wobei es sich freilich meist um versehen und flüchtigkeit handelt: z. b. löst er 4, 2 die abkürzung für *Jesu* fälschlich in *Jerusalem* auf; 4, 29 liest er flüchtig *animas* statt *minas* und übersetzt: *in ire selen*; 14, 12 faßt er *cum* fälschlich als konjunktion auf; 16, 37 übersetzt er *indemnatos* durch *[wir] enhaben nymande schaden getan und waren unvorurteilt*; 16, 33 übersieht er *plagas* und übersetzt, vielleicht in erinnerung an die betr. evangelienstelle, *und wusch in ire vuze*; 20, 15 wird *contra Chium* von ihm als ein eigenname gefaßt und *zu Contrachium* gesagt, wie auch M ähnlich *Contrachi* hat; 28, 2 verwechselt er *pyra* und *pirus*. Auf hörfehler gehen wohl zurück 19, 40 *gesach* (*cum haec dixisset*); 20, 31 *lere* (*lacrymis*); 20, 28 *beschowen* (*episcopos*, wofür er gewiß *bischoven* gesagt haben würde): fehler, die wohl nur dem schreiber zur last fallen.

Andere abweichungen erklären sich dadurch, daß K⁸ lateinische vorlage zuweilen andere lesarten hatte als die übliche Vulgata. Durch die oben schon genannte ausgabe der apostelgeschichte von Wordsworth-White ist uns ein vergleich mit anderen Vulgata-hss. ermöglicht. K las wie die vorlage von M 2, 23 *adfligentes*, 12, 13 *ad videndum*, 13, 41 *dispergimini*, 16, 12 *primae partis Macedoniae*, 20, 14 *invenisset*, 28, 11 *castrorum*. [1]) Ferner 17, 17 *audierant*, 13, 14 *Persidie*, 14, 24 *Italiam*, 21, 16 *Jasonem*, 7, 6 *quadringentis XXX*, 20, 4 *Sosipater*, 27, 8 *Thessala*. Auch die in K vorhandenen zusätze 7, 60. 10, 23. 11, 27. 21, 1. 22, 7. 24, 18 finden in den textkritischen angaben bei Wordsworth-White s. 85, 104, 111, 179, 188, 201 ihre entsprechungen. Der Vulgatacodex W (Wordsworth-White s. XV) scheint unserem übersetzer am nächsten zu stehen. — Neben den zusätzen stehen auslassungen, die wohl meist folgen einer gewissen flüchtigkeit des schreibers sind; so besonders: 1, 20. 2, 14. 4, 12. 7, 43. 18, 10. 23, 17. 24, 2. 28, 6.

---

[1]) Vgl. Brodführer a. a. o. 82.

Die Königsberger apostelgeschichte ist ohne angabe eines verfassers überliefert. Die annahme, daß Claus Cranc ihr verfasser sei, gründet sich ausschließlich darauf, daß seine prophetenübersetzung in derselben handschrift enthalten ist wie die apostelgeschichte. Das genügt natürlich nicht. Wichtiger sind die parallelstellen zwischen propheten und apostelgeschichte, wobei aber die abweichungen des Vulgatatextes nicht zu vergessen sind.

7, 49 — Jes. 66, 1. Cranc: *Der hymel ist myn stul, dy erde ist myner vuze schemil.*

8, 32 — Jes. 53, 7. Cranc: *er ist gevurt als eyn schaf zu der slachte und als eyn lam vorstummete er vor deme der is schiret und wirt sinen munt nicht uftun.*

13, 47 — Jes. 49, 6. Cranc: *ich habe dich gegeben eyn liecht der heyden, daz du siest min heil bis zu ende der erden.*

4, 11 — Jes. 28, 16. Cranc: *ich wil senken in di gruntvesten Syon eynen vorsucheten tuwirn ecksteyn.*

2, 17 — Joel 2, 28. Cranc: *und iz wirt darnach so wil ich gyzen minen geist uf allis vleisch, und uwer sone und uwir tochter werden wissagen und uwir alden wirt troyme troymen und uwer jungen werden gesichte sehen.*

2, 21 — Joel 2, 32. Cranc: *wer den namen des herren anrufet, der wirt selik.*

7, 42 — Am. 5, 25. Cranc: *habit ir mir keinirleige opphir irboten in der wustenunge virzic jar, ir israhelisches hus?*

15, 16 — Am. 9, 11. Cranc: *in deme tage wil ich irwecken daz tabernakel Davidz, das da gevallin ist, und wil widir buwen sine lucken und was do gevallin was daz wil ich vornuen und wil iz widir buwen als bi alden tagen.*

Es läßt sich die ähnlichkeit dieser parallelstellen aus Cranc mit K nicht verkennen, doch genügt dies geringe vergleichsmaterial nicht, um aus ihm über die verfasserschaft von K einen schluß zu ziehen. Das wird sich erst durch eine eingehende beschäftigung mit sprache und stil Crancs, dessen prophetenübersetzung herauszugeben ich beschäftigt bin, ermöglichen lassen.

*   *   *

Die Königsberger apostelgeschichte ist uns ausschließlich in der hs. A 191 des Königsberger staatsarchivs erhalten. Ausführlich hat über diese Ernst Hennig in seinem buch „Historisch-kritische Würdigung einer hochdeutschen Uebersezzung eines ansehnlichen Theils der Bibel aus dem 14ten Jahrhundert", Königsberg 1812 geschrieben. Hennig druckt im anhang u. a. die ersten kapitel der apostelgeschichte, freilich mit vielen fehlern, ab. Weiter haben Pisanski, Pfeiffer, Strehlke, Steffenhagen, Walter Müller die hs. erwähnt;[1]) zuletzt und am ausführlichsten ist sie durch T. E. Karsten, „Die mitteldeutsche poetische Paraphrase des Buches Hiob" s. V ff. beschrieben worden.[2]) Die in großfolio angelegte pergament - prachths. stammt ohne zweifel aus einer Deutschordensbibliothek und gelangte von dort in die bibliothek der herzoglichen kanzlei und danach in die des jetzigen staatsarchivs. Sie enthält auf s. 1—420 die prophetenübersetzung des Claus Cranc, s. 421—624 die Hiobdichtung, s. 625—684 die apostelgeschichte. Die apostelgeschichte ist in 3 Lagen geschrieben: 625—644, 645—664, 665—684. Die höhe der blätter beträgt 38 cm, die breite 27 cm, die höhe des beschriebenen raumes in der apostelgeschichte 26,5 cm, die breite 16,5 cm. Auf jeder seite 2 kolumnen zu je 38 zeilen. Überschrift in majuskeln s. 625ᵃ: DER APOSTELE TAT. Initiale L (Lucas) 5 ✕ 3,5 cm hellrot mit blattverzierungen; s. 625ᵇ: initiale D 3,5 ✕ 3,5 cm, golden mit rotverziertem grund. Keine miniatur, nur die initialen der 28 kapitel abwechselnd blau und rot.[3])

Die prophetischen teile bilden nach der äußeren einrichtung wie seitenüberschriften, miniaturen, initialen,

---

[1]) W. Walther ist diese hs. entgangen.
[2]) Deutsche texte des mittelalters bd. XXI. Berlin 1910. Auf sie sei für einzelheiten der hs. verwiesen.
[3]) Vgl. Karsten a. a. o. XVIII ff.

lagenzählung, schriftart eine einheit. Hiob hat nur eine miniatur, und es fehlen die seitenüberschriften, die apostelgeschichte hat zwar seitenüberschriften, aber keine miniaturen. In ihrer schlichten ausstattung steht die apostelgeschichte hinter den propheten weit zurück. Die drei hauptteile der hs. sind sicher von verschiedenen schreibern angefertigt und früh, wohl noch im 14. jahrhundert, zu einem bande vereinigt worden, worauf die bemalung der schnitte mit roten und grünen blattmustern hindeutet. Die apostelgeschichte ist von einer hand, aber von einer andern als die propheten und Hiob geschrieben. Es ist, wie sich aus den zahlreichen fehlern ergibt, eine abschrift, die in den kreisen des Deutschen Ordens entstanden ist: der lautstand ist omd. Auf den osten deutet auch die verlesung von 26, 30 *Bernice* in *Beruyte* hin, der an den lit. personennamen *Birutis* (Idg. forsch. 34, 303) erinnert. Die übersetzung selbst wird wohl um die mitte des 14. jahrhunderts, die abschrift nicht viel später, jedenfalls noch in das 14. jahrhundert zu setzen sein.

Zum text: *u* und *v*, *i* und *j* wurden nach ihren lautwerten geregelt, *s, z, cz, tz, c, k, y* wurden beibehalten, *ſ* und *s* auf *s* reduziert. Die üblichen abkürzungen wurden aufgelöst: *vn̄* als *und*, das zweisilbige *unde* steht gelegentlich am ende einer zeile, um etwaigen freien raum auszufüllen; nur das abkürzungszeichen ' wurde beibehalten, da seine auflösung in *ir* oder *er* in nebensilben nicht immer sicher ist. Große anfangsbuchstaben wurden nur bei eigennamen verwendet. Ergänztes wurde kursiv gedruckt, die interpunktion modernisiert, die kolumnenzahlen der hs. wurden in eckige klammern, die modernen verszahlen an den rand gesetzt.

DER APOSTELE TAT.

Dis ist dy rede vorrede in dy getat d⁵ apostele, dy
Lucas d⁵ ewangliste beschriben hat van in sprechende
des heiligen.

Lucas was eyn Syrus van Syria uz dem lande unde
in Anthiochia der stat so waz her d⁵ wirdigiste
des lob wirt ouch in dem ewangelio gesungen und
benant an der kunst der ertzdie unde ouch so was her
eyn junger d⁵ zwelf boten Cristi. und danach so vol-
gete er Paulum dem apostele uncz an sine martre, die
er leyt um daz bekennen des namen Cristi, und ane
lastir d⁵ sunde so bleib er in reynekeit des magitumis
und wolde bilchir gote dinen den ymant andirs. und
d⁵ Lucas do er das virundachtzigiste jar synis aldirs
beginc, do starb er in Bithinia vol des heiligen geistes.
und ouch so beschribit disir Lucas das ewangelium in
dem lande zu Achayam und wart dazu getriben mit
dem stachele des heiligen geistes. und in dem ewan-
gelio so schreib er is den geloubigen Krichen und
bewiste in di invleischunge des h⁵ren mit eyme ge-
truwen sagende, und darum so ist im ouch bilchen und
nicht ane sache di gewalt gegeben, das er di begencnisse¹)
d⁵ apostele beschriben solde, und daz amt empfinc er
als zu eyme dinste. und in disme beschribende so wold
er bewisen, daz Cristus eyn volkumen got were, den
daz beceygete er damite, daz er mit [625ᵇ] synir eigenen
craft ubir alle himele steig. und ouch so bewisit er in
diser schrift, wi Judas d⁵ sun d⁵ vorlust mit dem tode
vorginc. und ouch so gibit hi Lucas zu irkennen, wi²)
das gebet geschach, do man an Judas stat eynen andren
apostel solde irwelen, uf das di czal zwelve widir ir-

---

¹) begentnisse.   ²) Davor: hi.

vullit wurde durch di gotliche irwelunge mit dem loze,
daz uf Matthiam viel. und ouch so sagit er, wi dis buch
eyn ende nimt in Pauli predigate, di van im zu Rome
geschach, nachdem [1]) Paulum doch d⁵ h⁵re irwelit hatte,
nachdem so er sich lange widir den stachil gesperrit [2])
hatte. und den wolde Lucas alle dise ding in eynr
kurczen [3]) rede bewisen, di is lesen mochten und got
suchen wellen. und des wold er bilch⁵ remen den das
er den wullenden hochvertigen icht lenger und me van
gote hette beschriben. den das ist wissentlich, daz d⁵
erbeitende ackirman d⁵ da erbeitet, umme andre zu
lerende, mus alrest van sinen vruchten ezzen. und das
geschiet so die horere van syner lere bi gote zunemen.
und dem selben Luca ist die gnade gotis also behulf-
lich gewesit, das sine erczdie nicht alleine d⁵ luyte
lichame zu hulfe quam, sundir ouch iren selen.

1   Dis ist daz erste capitil in daz buch daz der
apostele getat ist genant.

1 Die erste rede, o Theophile, di han ich gemachit
in [626ᵃ] dem beschribende des ewangelii van
alle den dingen, di Jhesus begunde in sinir
2 menscheit zu tun zu lerende uncz an den tag, das er
uf in den himel genumen wart und das er den apostelen
gebot durch den heiligen geist, die er irwelit hatte.
3 und den hatte er ouch sich lebne irboten nach sime
lidene in manchirleye bewisunge und irschein in durch
virczig tage und rette widir sy van dem riche gotis.
4 und do er mit in az, do gebot er in, das si icht van
Jherusalem wichen solden, sundir daz sie da des vatirs
gelubde beiten solden, das ir gehort habit in dem
5 ewangelio durch mynen munt. den Johannes d⁵ toufte
in dem wazzere, abir ir werdit getoufit in dem heiligen
6 geiste nicht nach vile diser tage. und darum di, die da
zusamne kumen waren, di vrageten in sprechende:
h⁵re, und wiltu icht in diser zit daz israhelische riche

---

[1]) nach den.   [2]) gespenit.   [3]) kurczten.

dem israhelischen volke wid'keren? sundir do sprach 7
er zu in: is enist nicht uwir zu irkennen di zcite und
di balden stunden d' zcit, di d' vater alleine in di
gewalt sinis bekennendis gesatzt hat. sundir ir werdit 8
nemen des ubirkumenden heiligen geistis craft in uch
und damite so werdit ir mir gezuge werden zu Jheru-
salem und in alme Judenlande und uncz an das letste
der erden. und do er dise wort gesprach in zu an- 9
sehende, do wart er uf van in irhaben und d' wolke
enpfinc in van iren ougen. abir so sie do in den [626ᵇ] 10
hymel sagen in ghende, sed, do stunden zwene man
bi in *in* wyzen cleideren, und di sprachen ouch: ir ¹) 11
manne van Galylea, wonach sehet ir ufkaffenden in den
himel? den diser Jhesus, der van uch ufgenumen ist
in den himel, d' wirt also kumen, als ir in habit ge-
sehen varen in den himel. und do karten si widir 12
umme zu Jherusalem van dem berge, der d' oleyberg
ist genant, und d' liet bi Jherusalem als vile wegis als
an dem sunnabende irloubit was den Juden zu wanderen.
und do si widir in daz mushues gegingen, do Petrus 13
pflac zu bliben und Johannes, Jacobus und Andreas,
Philippus und Thomas, Bartholomeus und Matheus,
Jacobus Alphei und Symon Zelotes und ouch Judas
Jacobi, und di waren alle stete blibende in eyn besamt 14
in dem gebete mit samt den wiben und mit Maria,
Jhesu muter, und mit sinen bruderen. sundir in den 15
tagen do irhub sich Petrus in dem mittele der brudere
und sprach (abir da was eyne schar luyte in eyn be-
samt volnach zwenczic und hundirt): ir manne brudere, 16
di schrift mus irvullit w'den, di d' heilige geist vor-
sprach durch Davidis munt van Juda, d' ire leitsman ²)
was, di Jhesum begriffen. und der was ouch und' uns 17
d' zwelfte gezalt und hat daz loz entphangen disis
dinstis den wir tun. und der besaz danach den ackir 18
van dem lone ³) d' schalchaften bosheit. und do er sich
irhinc, do reyz er mitten enzwey, und alle sine gederme
wart van im vorgozzen. und [627ᵃ] daz ist kunt ge- 19

---

¹) in.   ²) leitstman.   ³) lene.

machit alle den, di zu Jherusalem wonen, also daz der
ackir in irer zunge Acheldemach genant ist, und daz
20 ist eyn ackir des blutis. want davan so ist geschriben
in dem buche dᵉ salmen: die wonunge iris blibens sal
wuste wᵉden und sin bischaftum sal eyn andir ufnemen.
21 und darum so mus man uz disen mannen, die in alle
dᵉ zit mit uns besamt sint, in der dᵉ herre Jhesus undir
22 uns uzginc und in, anhebene van Johannis toufe untz
an den tag daz er van uns uf in den himel genumen
wart, so mus man eynen uz disen nemen, dᵉ eyn gezcug
23 mit uns dᵉ uffirstende werde. und des schicten sie
zwene dazu, Joseph dᵉ Barsabas was genant und ge-
24 zunamit was dᵉ gerechte, und Mathiam und sprachen
betende: du hᵉre, so du dᵉ bist, der aller luyte hercze
irkennit, bewiez uns nu, wene du irwelst uz disen zwen
25 eynen, dᵉ die stat disis dinstis neme und das amt des
apostels, uz dem Judas van girikeit vellic ist gewurden,
26 uf daz er hinwec ginge an sine stat. und des gaben
sie in die loz, und do vil daz loz uf Mathiam, und
des wart er zu den eylf apostelen dᵉ zwelfte gezalt.

2   Dis ist daz andre capitil.

1   Und do di vumfzic tage uncz zu pfingisten volbracht
    wurden, do waren di jungere alle mit den andir
2   besamt an dᵉ selben eynigen stat, und do wart
balde uz dem himele eyn lut als eyns [627ᵇ] snelle
kumenden geistis odir eyns windis und irvulte daz
3 ganze hues, da di apostele waren sitzcende, und des
bewisten sich in zwiselechte zungen als in eyns vueris
4 gestalt, und er besaz uf irer eym ieclichen, und sie
wurden alle irvullit mit dem heiligen geiste und sie
begunden zu reden nach deme als in dᵉ heilige geist
5 zu reden gab. abir do waren ouch zu Jherusalem
wonende Juden geistliche manne uz alle der art der
6 luyte, di undir dem himele ist. sundir do dise stimme
also ubir di jungere geschach, do quam die groze trucht
des volkes zusamne, und si wart alle van wundirs
wegen zcustorit in irme gemute, den da horte eyn iclicher

sie reden sin eygene zunge. und des irschraken sie sere 7
und namen daz inne eynem wundir zusamne sprechende:
und ensint nicht dise alle die hi reden[1]) lute van
Galylea? und wie hat denne hi eyn iclichir unser zunge 8
gehort, in der wir geboren sint? want unsir sin etliche 9
Parthi, etliche Medi und Elamite und ouch der gezunge
di da wonen zu Mesopotanien unde in Judenlande und
in Capadocia und in Ponto und in Asya und in Frigia 10
und in Pamphilia und in Egypten und ouch d' teyl
gezunge des landes Lybie daz da liet bi Cyrenen. und
ouch so sint hi undir uns di zukumenden Romere und
[628ª] ouch Juden und Proseliti, di da gemachte Juden 11
sint, und di van Creten und ouch van Arabyen. wir
haben sie alle gehort reden in unseren zungen di grozen
wundirwerc gotis. abir des irschraken sie alle und 12
sie nam des eyn wundir sprechende: unde was wil dis
ding sin? abir die andren belachten sie sprechende: 13
sie tun diz darum den[2]) sie sint vol mostis od' wynis.
sundir do stunt Petrus uf mit[3]) den eylven und rette 14
widir sie sprechende: manne ir Juden und ir alle di
zu Jherusalem wonit, uch sal daz kunt sin und ent-
pfahet mit uweren oren myne wort. is enist nicht also 15
als ir wenit, daz dise, die hi reden, trunken sint, so is
alreist di dritte stunde des tagis ist. sundir dis ist is 16
daz durch Johel den propheten gesprochen ist: und is 17
wirt in den jungesten tagen, spricht d' h're, und
ich wil van mime geiste uzgyzen uf alle vleisch, und
so w'den uwere sone und uwere tochtere prophetiren
und uwere jungen di w'den gesichte sehen und uwere
eldren di w'den troume troumende, und in den tagen 18
so wil ich uzgyzen van mime geiste uf mine knechte
und uf myne meyde, und si w'den prophetiren, und ich 19
wil geben ungewonliche wunderwerc obene in dem
himele und zceichene hi nidir an der erden, bluet und
vuer und ouch eynen dunst des rouchis. den di sunne 20
wirt gewandilt in eyn duist'nisse und d' mahen in bluet,
e den d' groze und [628ᵇ] der offenbare tag des h'ren

---

[1]) rede. [2]) Verb. aus: dem. [3]) Am rande.

21 kumen wirt. und eyn iclich mensche, dᵉ denne den namen
22 des hᵉren anrufit, der wirt selig. ir israhelischen manne,
nu hort myne dise wort: Jhesum Nazarenum, dᵉ eyn
vorsucht man waz van gote und ouch undir uch. in
tugenden und in ungewonlichen *wundirwerken* und
zeychenen di got durch in wurchte mitten undir uch,
23 als ir is wol wizzet, und do dᵉ durch den vorent-
scheidenen rat und durch di vorsichtikeit gotis uz-
geantwort und uzgegeben wart, do tot ir in quelende
24 durch dᵉ ungerechten sundere hende. und den selben
irwacte got und enpant in van den wetagen dᵉ helle,
nachdem als is ouch ummugelich was, daz er van dᵉ
25 helle enthalden wurde. want David dᵉ spricht van¹) im:
ich han den hᵉren alle zit vor mir besehen, want er
ist mir zu der rechten hant,²) uf daz ich icht beweget
26 werde, und darum so ist mien hercze in wollust vor-
vlozzen und myne zunge di hat sich mit wunne irhaben,
27 und min vleisch wirt ruen in eyne hoffenunge, want du
inwirst myne sele nicht lasen in dᵉ helle noch du in-
wirst dinen heiligen nicht geben, daz er sehe die vor-
28 storunge synis lichamis. den du hast mir di wege des
lebens kunt gemachit und du wirst mich mit wunnc-
29 licher vroude mit dyme antlicz irvullen. und darum,
manne ir brudere, so muge wir is mit loube kunlichen
sprechen zu uch van [629ᵃ] David dem patriarchen,
daz er des todes irstarb und wart begraben, und sin
30 grab daz ist hi bi uns untz huyte an disen tag. und
darum so er eyn prophete was und wuste daz, daz im
got mit eyme gesworneu eyde gesworen hatte, daz eynr
uz der vrucht synr lenden solde sitzen uf sime stule,
31 und in dem vorsehende so rette er van Cristi ufirstende,
den er enwart nicht underwegen gelasen in dᵉ helle
noch ouch sin vleisch insach di vorstorunge dᵉ wande-
32 lunge in di asche. und disen Jhesum irwacte got van
dem tode, und des gezug sie wir alle waz unsir ist.
33 und darum so er van dᵉ rechten hant gotis also irhaben
ist und so er daz gelubde des heiligen geistes van dem

---

¹) vam.   ²) Am rande.

vatre hat genumen, so hat er den selben geist uf uns
uzgegozzen, den ir in uns sehit und hort. want David 34
d' insteig nicht in den himel, sundir doch so spricht
er van Cristo: der h're sprach zcu myme h'ren, sicze
zu mynr rechten hant, untz daz ich dine viende gelege 35
eynen vuzschemil dynr vuze. und darum so sal gewis- 36
lichen wissen alle israhelische hues, daz got disen Cristum
den ir gecruczigit habit eynen h'ren und eynen Cristum
gemachit hat. abir do sie dise dinc horten, do wurden 37
sie mit ruye in irme herczen gestachilt [1]) und sprachen
zu Petro und zu den andren apostelen: und was sulle
wir tun, manne ir brudre? abir do sprach Petrus zu 38
in: beget, sprach er, buse und uwerer [629ᵇ] eyn
iclicher d' werde getouft in dem namen Jhesu Cristi in
eyne vorgebunge uwerer sunde, und damite so w'dit ir
nemen di gabe des heiligen geistes; den uwer ist daz 39
groze gelubde und uwerer sone und alle d', die da
verre sint, und ouch aller der, di got unsir h're dazu
geladen hat. und ouch so gab er Cristo eynen gezug 40
mit anderer vile worte und warnte sie manende und
sprach zu in: werdit selk van diser unartigen [2]) bosen
geburt. unde darum alle die, di da sin rede zu in namen, 41
die wurden getoufit, und also wurden an dem tage zu
dem gelouben geleyt volnach dritusent selen. und sie 42
waren da alle stete blibende in der lere d' apostele und
in d' gemeynschaft, die in dem bruche des brotis was,
in dem gebete. sundir uf eyn icliche sele viel vorchte, 43
abir doch so geschagen vile grosir wundirlicher werg
und zeychene durch die apostele zu Jherusalem, und
groze vorchte wart in allen luten gesachit. und ouch 44
alle die, di da geloubten, di waren in eyn besamt, und
sie hatten alle ding gemeyne. sundir ire erbe und ire 45
andre gut vorkouften sie alle und teylten alle dinc
undir si alle als is eyme iclichen not was. und sie waren 46
ouch alle tage blibende in dem temple in eyme gemute
besamt und sie waren brechende bi den huseren ire
brot und namen ire spise mit grozer vroude [630ᵃ]

---

¹) gestaclilt.   ²) vnnartigen.

47 und mit eynveldikeit iris h'zen. und damite so waren
sie got lobende und hatten groze gnade kegen alle
dem volke. sundir d' herre merte d' lute zal, die da
selk wurden alle tage in daz selbe gut.

3   Dis ist daz dritte capitil.

1 A bir Petrus und Johannes di stigen uf in den tempil
2   zu d' zit des gebetis der nonen. und da was eyn
       man d' waz lam van dem, daz er uz sinir mut'
buche geboren was, und den truc man und den satzten
si alle tage vor die pforte des tempils, di die schone
ist genant, uf daz er da daz almusen bete van den, die
3 da in den tempil gingen. und do d' mensche irsach
Petrum und Johannem daz si begunden in den tempil
zu gen, do bat er si, uf daz er van in daz almuse
4 neme. abir do sach in Petrus mit Johanne an und
5 sprach: sich uns an. des sach er sie ebne an hoffende,
6 daz er icht van in wurde nemen. sundir do sprach
Petrus: goldis und silbirs inhan ich nicht, sund' daz ich
habe daz gebe ich dir: in dem namen Jhesu Cristi
7 Nazareni stant uf und wandre. und des begreyf er sine
rechte hant und irhub in. und des wurden alzuhant
sine vuze und sine senen zumale mit stetikeit bevestent.
8 und spranc uf und stunt und wanderte und ginc do
mit in *in* den tempil wanderende und springende und
9 got grozlichen lobende. und des sach in alle daz volk
10 wan- [630^b] deren und got loben. abir sie irkanten in
alle wol, daz er der was, d' da saz zu dem almuse vor
d' schonen pforten des tempils. und des wurden sie ir-
vullit mit irschreckunge und mit entsinkende irer vor-
11 nunft in deme daz dem menschen widirvaren was. abir
do alle daz volk Petrum und Johannem irsach, do lief
is zu in van wundirs wegen in eynr irschreckunge in
12 d' hallen, di da Salomonis ist genant. abir do daz
Petrus irsach, do antwort er sprechende zu dem volke:
ir israhelischen manne, wes muit uch hie eyn wundir
in disme dinge? edir wonach kaffit ir uns an, als ab
wir disen menschen van unsir craft edir van unsir

gewalt haben wanderen gemachit? sundir Abrahamis 13
got und Ysaachis got und Jacobs got, dᵉ got unserer ¹)
vetᵉe der hat mit erberkeit clar gemachit synen son
Jhesum, den ir van uch zu dem tode geantwort habit
und habit syn geloukent vor Pylati antlicz, do er is
doch mit syme gerichte also entschiet, daz man in vri
lasen solde. sundir ir habit des heiligen und des 14
gerechten geloukent und batit darum, daz man uch den
manslechtigen man vri gebe. sundir den geber und den 15
merer des lebenes den tot ir, und den hat got van
dem tode irwackit, und des sie wir gezuge. und in 16
dem gelouben synis namen so hat er disen menschen,
den ir dicke gesehen habit und ouch irkant, an synen
beinen bestetigit und [631ª] veste gemachit. den dᵉ
name und der geloube dᵉ durch den namen ist dᵉ hat
dise gancze gesuntheit gegeben in uwerer allir an-
gesichte. und nu ist mir is, brudᵉe, irkant, daz ir die 17
ding an Jhesum van unwissen getan habit als ouch
uwere vursten. abir got dᵉ daz vor gekundigit hatte 18
durch den munt alle sinir propheten, daz sien Cristus
liden solde, der hat is also volbracht und irvullit. und 19
darum so beget buse und bekerit uch, uf das uwere
sunde getilgit wᵉden, uf daz ir gereyt siet, so di zite 20
dᵉ irkulunge und der rue werden kumen vor deme
angesichte des hᵉren und so der herre Jhesum Cristum
wirt senden, dᵉ uch gepredigit ist. wan den mus der 21
himel enphaen untz an di zit, so eyne widirkerunge
allir dinge wirt, di got van anegenge dᵉ werlde gesprochen
hat durch den munt alle synr heiligen propheten. want 22
Moyses dᵉ sprach: got uwer hᵉre dᵉ wirt uch eynen
propheten irwecken uz uweren bruderen und den sullit
ir horen als mich selben nach alle den worten, di er
zu uch reden wirt. den daz wirt eynr iclichen selen 23
geschen, die den propheten mit gehorsame nicht horen
wirt, di wᵉt uz den enden irer selekeit gesatz und ouch
uz dem volke. und alle die propheten van Samuel an- 24
zuhebende, di da geret haben van gote, die haben dise

---

¹) vnsere.

25 tage gebotschaft. abir ir sit d⁵ propheten sone und des
testamentis, daz got¹) uzrichtende gegeben hat zu uweren
veteren sprech- [631ᵇ] ende zu Abraham: in dime samen
so sullen alle die gesinde des ertrichis gebenediet
26 werden. sundir got d⁵ hat des ersten synen son van
dem tode irwackit, d⁵ uch die benediunge des segins
geben sal, uf daz sich eyn iclicher van synr schalkaften
bosheit bekere.

4   Dis ist daz virde capitil.

1 A bir do sie dennoch dise wort reten zu dem volke,
do quamen ubir sie di pristre und di meist⁵schaft
2   des tempils und ouch die Saducer, und di muete
daz, das si daz volk also larten und daz si in d⁵ stat
zu Jherusalem²) mit irer lere kundigeten eyne ufirstende
3 van dem tode. und des wurfen si mit gewalt ire hende
an sie und satzten sie in eyn beheltnisse d⁵ huete untz
4 an den zukumenden tag, den is was itzunt abent. sundir
d⁵ wart vile geloubic, die daz wort d⁵ predigate da
5 gehort hatten, und ire zal wart vumftusent. sundir is
geschach an dem andren tage danach, daz sich besamten
ire vursten und die eldisten und di meystre der e zu
6 Jherusalem und Annas, der d⁵ pristre vurste was, und
Cayphas und Johannes und Alexander und ouch alle
7 die, di da van pristirlichme adle waren, und schicten
do di apostele mitten undir sie und vrageten sie
sprechende: in welcher craft od⁵ in wes namen habit
8 ir dise ding getan? und do wart Petrus mit dem heiligen
geiste irvullit und sprach zu in: ir vursten des volkis
9 und ir [632ᵃ] eldisten horit. ist is daz wir huyte mit
gerichte entscheyden w⁵den in woltat disis cranken
menschen, in weme daz er selk van synr suche ge-
10 wurden ist, so sal uch daz allen kunt sien und damite
alle deme israhelischen volke, daz disir mensche in
dem namen unsers h⁵ren Nazareni, den ir gecruzigit
habit und den ouch got irwackit hat von dem tode, in
dem namen besthet disir hi vor uch gesunt van synr

---

¹) Dahinter, aber getilgt: vris.   ²) Vulgata: in Jesu.

suche. Diz ist d⁵ steyn, d⁵ ¹) van uch wercluyten vor- 11
wurfen ist und der da in eyn houbit eynis winkils ge-
wurden ²) ist. und da enist an keyme andren dinge heil 12
den an im alleyne. sundir do si Petri und Johannis 13
stetikeit irsagen und wurden des gewar, daz sie luyte
ane bekennen der schrift waren und ungelart, do wunderte
sie is sere, den si irkanten is, daz sie mit Jhesu waren
gewesit. und ouch um daz so sie den menschen mit in 14
sagen sten, d⁵ da geheilit was, do enmochten sie da
widir nicht gesprechen. und darum so geboten si in, 15
daz sie uz van irme rate wichen, und retten do zu-
samne sprechende: und was muge wir disen luyten tun? 16
den do ist eyn offenbar bekant zeychen durch si ge-
schen, daz ist kunt wurden alle den, di zu Jherusalem
wonen. und darum so is so lutbar gewurden ist, so
enmoge wir sien nicht geloukenen, sundir uf daz is icht 17
me in deme volke gebreytit w⁵de, so sal man [632ᵇ]
si bedrowen, daz si widir keynen menschen me reden
in dem namen. und des luden si sie widir und kundigeten 18
in das, daz si in keyner wise me reten od⁵ ouch lerten
in dem namen. sundir do antworte Petrus und Johannes 19
und sprachen: entscheidit daz selben, ob daz gerecht
vor dem angesichte gotis sy ³), daz wir uch bilcher
sullen horen denne got. den wir enmugen des nicht 20
gelasen, wir enreden daz das wir gesehen haben und
gehort. und des droweten si in und liesen si damite, 21
den sie envunden der wyse nicht, wi sie si pinigen
mochten ⁴) durch des volkes willen, den alle lute lobeten
daz mit offenbarer clarheit daz wund⁵werk, daz an dem
menschen geschen was. want der mensche was me denne 22
virzik jar alt, an dem daz zeychen d⁵ gesuntheit
geschen was. sundir do sie vri gelasen wurden, do 23
quamen si widir zu den iren und botschaften in die
ding, di die vursten d⁵ pristre und die eldisten widir
sie gesprochen hetten. und do sie daz irhorten, do ir- 24
huben sie alle mit den andir ire stimme zu dem h'ren
und sprachen: herre, du bist der, d⁵ da gemachit hat

---

¹) Am rande.   ²) gewuden.   ³) Am rande.   ⁴) monchten.

himel und erde, daz mer und alle dinc, di in in sint,
25 den du hast in dyme heiligen geiste gesprochen durch
den munt unsirs vatirs David dinis kindis: wonach
habin dy heyden gebrummen und die volk haben
26 ytele dinc getracht? die kunige d⁵ erden haben dabi
gestanden und die vursten sint [633ᵃ] in eyn kumen
27 widir den h⁵ren und widir synen Cristum. want si sint
werlichen in disir stat ubir eyn kumen widir Jhesum dien
heiligis kint, daz du gesalbit hast, und daz ist Herodes
und Pylatus van Poncio mit dem geslechte und mit
28 dem israhelischen volke und wellen daz tun, daz dyne
hant und din rat also berichtit hat, daz is geschen
29 sal. und darum herre, so sich nu in ire selen und gib
dinen knechten, daz si mit allir kunheit din wort reden
30 musen, in dem so du dyne hant uzreckis zu gesuntheyt
und zu zeichenen und zu ungewonlichen werken ¹), di
da geschen w⁵den in dinis heiligen sunis namen Jhesu.
31 und do sie also gebeten, do wart di stat bewegit, in
der si waren besamt, und si wurden alle irvullit mit
deme heyligen geyste und retten daz wort gotis mit
32 kunheit. abir alle der manchvaldikeit d⁵ geloubigen
was eyn herze und eyne sele, noch irer keynr ensprach,
daz der dinge keyns sien were, die er besaz, sundir in
33 waren alle dinc gemeyn. und di apostele gaben in
grosir craft iren gezucht der ufirstende unsirs h⁵ren
Jhesu Cristi und ouch grose gnade was in in allen.
34 noch da enwas ouch keyn notdurftic mensche undir in
allen, den alle di da besitzere waren d⁵ ackere odir
der husere di vorkouften sie und brochten der dinge
35 gelt, di sie vorkouften, und leyten daz gelt vor d⁵ apostele
vuze. und daz teylten si denne eym iclichen als is im
36 noth ²) [633ᵇ] was. abir Josephs, d⁵ da Barnabas ge-
zunamit was van den apostelen, daz so vile gesprochen
ist als eyn sun des trostis, d⁵ was eyn levite unde was
37 van art eyn Cyprius van dem Cypre und der hatte
eynen ackir, den vorkoufte er und brachte daz gelt und
leyte is vor d⁵ apostele vuze.

---

¹) Davor, aber durchstrichen, nochmals: werken. ²) noch.

Diz ist das vumfte capitil.   5

A bir da was eyn man Ananyas genant mit Saphira 1
sinr husvrowen. d' vorkoufte sinen ackir und stifte 2
eyn betrigen an deme gelde mit synr husvrowen
wissene und brocht er etlich teyl des geldis und leyt
is zu der apostele vuze. abir Petrus d' sprach zu im: 3
Ananya, wonach hat Sathanas din h'ze bekorit und hat
gesachit, daz du dem heiligen geiste gelugen hast und
daz du an dem gelde des ackirs trugene gestift hast?
und do d' ackir din was, enbleyb er do din nicht? 4
und do er vorkouft wart, enwas er dennoch in dinr
gewalt nicht¹) und ouch daz gelt? und worum hastu
daz in din h'ze gesacz? du enhast den luyten nicht
gelogen, sundir gote. sundir do Ananyas dise wort ir- 5
horte, do vil er nidir und gab uf synen geist. und des
wart groze vorchte ubir alle die, di dis horten. abir 6
do stunden etliche jungelinge uf und namen in besiten
und trugen in vort uz und begruben in. abir is geschach 7
in eynr lenge d' ziet als drier stunden, und do quam
ouch syne husvrowe in daz huys und inwuste des nicht,
daz da geschen [634ª] was. abir do antworte ir Petrus 8
und sprach: sage mir wib, ob ir den ackir also ture
vorkoufit habit? und do sprach si: ja ouch also ture.
und do sprach Petrus: und wozu ist daz bequeme, daz 9
ir den geyst des herren bekorit? sich, da sint der vuze
vor der tor, die dynen man begraben haben, und di
w'den dich ouch von hinnen tragen. des vil si zu 10
synen vuzen und gab van ir den geist. abir do die
jungelinge in gegingen und si tot vunden, do trugen
si sie uz und begruben si zu irem manne. und davan 11
so wart eyne vorchte in alle d' ganczen kirchen und
in alle den, di dise dinc horten. sundir durch di hende 12
d' apostele geschagen zeychene und vil wund'werk in
dem volke, und si waren alle in eyn besamt in Salo-
monis halle. abir d' anderen luyte inturste sich nymant 13
zu in gesellen, sundir daz volk lobte si groz in iren

---

¹) Am rande.

14 w⁵ken. abir ye me und me so wart dy menye d⁵
geloubigen in dem herren¹) gemerit, beyde d⁵ manné

15 und d⁵ wibe, also daz si uzwendic uf die gazzen di
cranken trugen unde leyten si in bette und uftragen,
uf daz so Petrus queme, daz doch sien schate irer
eynen iclichen ubirschatte und daz si also van iren

16 suchen gevriet wurden. sundir daz gemeyne volk d⁵
nehesten stete lief allesamt zu Jherusalem und brochten
dahin mit in ire sochenden und ouch di da gequelit
waren van den unreynen geysten, und di wurden alle

17 ge- [634ᵇ] sunt gemachit. abir do stunt uf d⁵ vurste
der pristere und alle di, di mit im waren, und daz
waren di uz d⁵ ketzcerie²) d⁵ Saduceen, und di wurden

18 mit grimme irvullit und di wurfen ire hende an di
apostele und satzten si in daz beheltnisse d⁵ hute di

19 da offenbar was. abir d⁵ engil des h⁵ren offente in der
nacht di ture des kerkers und vurte si uz und sprach:

20 get in den tempil und stet da und ret da alle di wort

21 disis lebens. und do si daz irhorten, do gingen si des
morgens vru in den tempil und larten da daz volk,
sundir do quam dazu der vurste d⁵ pristre und di da
mit in waren und luden do zusamne eyne samnunge
des ratis und alle di eldisten d⁵ israhelischen sune und
santen zu dem kerkere, uf daz man di apostele vor si

22 brechte. abir do di boten zu dem kerkere quamen und
vunden den kerker offen³) und invunden irer da inne
nicht, do quamen sie widir und botschaften is in

23 sprechende: vorwar den kerker vunde wir geslozzen
mit allem vlise und di hutluyte vunde wir an den
turen sten, abir do wir in uf geteten, do invunde wir

24 nymant da inne. sundir do di meist⁵schaft des tempils
und di eldisten dise rede irhorten und di vursten d⁵
pristere, do waren si wankelmutik darane, was van in

25 geschege. abir do quam eynr zugegangen, d⁵ kundigete
in sprechende: den set, di manne, di ir in den kerker
gesatzit hattit, di sten in dem temple und leren daz

26 volk. do gink [635ᵃ] da hin di meist⁵schaft des templis

---

¹) heren.   ²) hetzcerie.   ³) Verb. aus: offent.

mit den dineren und vurten sie van dannen in iren
rat und inteten in doch keyne gewalt, want si vorchten
daz volk, uf daz si icht gesteynit wurden. und do sie 27
si gevurt brochten, do schicten si di apostele in di
samnunge iris ratis und do vragete si d⁵ vurste d⁵
pristre sprechende: wir hatten uch gebitende geboten, 28
daz ir daz volk icht leren soldit in dem namen. nu
set, nu habit ir Jherusalem mit uwerer lere irvullit
und damite so wellit ir uf uns des menschen Jhesu
bluet brengen. abir do antworte Petrus und ouch die 29
anderen apostele und sprachen: man muz gote me und
bilchir gehorsam sin den den luyten. got unserer 30
vetere d⁵ hat Jhesum van dem tode irwackit, den ir
getotit habit hengende an eyn holtz. und den hat got 31
mit synr rechten hant irhaben und hat in gemachit
eynen vursten und eynen heylant zu gebne dem
israhelischen volke di buse und ouch vorgebunge d⁵
sunde. und wir sint alle gezuge disir wort, und ouch 32
so ist irer d⁵ heylige geist eyn gezuk, den got allen
den gegeben hat, di im¹) gehorsam sint. sundir do di 33
vursten dise wort irhorten, do wurden ire herze mit
groz⁵ anchst zuzcerrit unde trachten, wi sie si mochten
toten. abir do stunt eynr uf in d⁵ besamnunge d⁵ 34
glisenere, und d⁵ was Gamalyel genant, eyn lerer d⁵ e,
und der was eyn erber man kegen alle dem volke,
[635ᵇ] und der gebot, daz di luyte eyn wenic uz von
in solden gen. und do sprach er zu den, di da besamt 35
waren: ir israhelischen manne, merkit vollen ebne bi
uch selben, was ir mit desen luyten tut, want vor disen 36
tagen do was eynr d⁵ was Theodas genant und d⁵
sprach, daz er eyn sund⁵lich mensche were, und mit
dem wart eyne zal eyntrechtig volnach van virhundirt
mannen, und d⁵ wart getot und alle, di an in geloubit
hatten, di wurden hi und da vorvloygit und wurden
zu nichte. und nach dem quam do Judas Galileus in den 37
tagen, do wir den gehorsam dem keysere solden be-
wisen, und der vorkarte sin volk nach sich und er

¹) nv.

vorgink und alle, di im mite gevolgit hatten, die
38 wurden zustrowit. und also sage ich uch ouch nu: wichit
van disen luyten und lat si van uch¹), want ist ire
rat odir ire werk uz den luten, so wˢt iz zustorit und
39 zu nichte. abir ist ire rat und ire werk uz gote, so
inmugit ir is nicht zustoren noch si van den andren
teilen, iz enwere den daz ir damite weldit widˢ got
40 vechten. und des wurden si im gevolgic²) und luden
do widir vor sich die apostele, und nachdem do si ge-
slagen waren, do vorboten si iz in, daz si vortme in
dem namen Jhesu nicht me reden solden, und damite
41 lisen si si van in. und si gingen sich vrowende van
dem angesichte dˢ samnunge, um das si des wirdig
waren gewurden, daz si durch Jhesu namen solden
42 honenden lastˢ [636ᵃ] liden. abir si lisen darumme nicht
abe, sie inlerten alle tage in dem temple und bi den
huseren ewangelizirten si Cristum Jhesum.

6   Diz ist das sechste capitil.

1 Sundir in den tagen do die zal der jungere wuchs
    do geschach is, daz eyn murmelen dˢ Krichen widir
    di Hebreyschen wart um daz, das ire witwen vor-
smehit wurden in dem dinste, daz man alle tage tete.
2 abir do luden di zwelve di gemeyne trucht der jungere
zusamne und sprachen: iz enist nicht geliech, daz wir
daz wort gotis undirwegen lasen und dinen den tyschen
3 irer zu wartne, und darum brudre, so merkit undir uch
sibin manne, di eyns guten gezugis sint und vol des
heilygen geistis und wisheit, die wir gesetzen mugen
4 obir dis werk. sundir wir wellen dem gebete und dem
5 dinste des wortis mit vlise by sin. und di rede behagete
alle dˢ gemeynen trucht, und also irwelten sy
Stephanum, dˢ eyn man was vol des gelouben und
des heiligen geistes, und Philippum und Prothorum und
Nychanorem und Thimonem und Parmenan und Nyco-

---

¹) Am rande.   ²) gevolgit.

laum, d⁵ eyn zukumende vremde man was von Anthiochia,
und brochten si vor das angesichte d⁵ apostele und 6
betende so leiten si ire hende uf si. und daz wort des 7
h⁵ren wuchs und di zal d⁵ jungere zu Jherusalem di
wart sere gemerit, und ouch so begunde eyne [636ᵇ]
groze schar d⁵ pristre dem gelouben gehorsam zu
werden. abir Stephanus der was vol gnade und sterke 8
unde tete werk di wundirs werc waren und vile zeichen
in dem volke. unde des irhuben sich etliche uz d⁵ 9
synagogen, di da genant der Libertinorum (odir van
dem lande das also genant ist¹) odir daz eygene knechte
waren gewesit und waren vrie gelasen) und d⁵ van
Cyrenen d⁵ stat und der van Alexandrien d⁵ stat und
d⁵ di da waren von Cylicia und van Asya den landen
zu disputirende mit Stephano. abir si inmochten sich nicht 10
wid⁵ di wisheit und widir den geist mit strite setzen
der da rete. und darum so santen sie heymelichen 11
manne widir in, die solden sprechen, daz si in hetten
gehort reden honende lastir widir Moysen und widir
got. und damite so bewegeten si daz volk und di 12
eldisten und di meistre der e, und davan so lyfen si
zusamne und ructen in wek und vurten in in ire
samnunge. und satzten valsche gezuge widir in sprechende: 13
diser mensche inlet nicht abe, er enrede wort widir
dise heilige stat und widir di e, den wir haben in 14
gehort sprechen, daz disir Jhesus Nazarenus sal dise
stat vorstoren, und er wirt di satzungen alle wandelen,
di uns Moyses gesatzt hat. und des sagen si in alle 15
ebne an, di da in der samnunge des ratis sasen, und
sagen sin antlitz als eyns engils antlitz. sundir do sprach 7,1
d⁵ vurste d⁵ pristre zu Stephano: und ob sich dise ding
[637ᵃ] also gehaben als dise sprechen? abir do sprach 2
Stephanus: manne brud⁵e und vetere horit: got der
ere irscheyn unserem²) vatere³) Abraham, do er was in
Mesopotania dem lande, e den er in Carran dem lande
wonhaft was, und er sprach zu im: ganc uz disme 3
lande und uz dynr neveschaft und kum in daz lant,

---

¹) Am rande.   ²) vnseren.   ³) Verb. aus: veteren.

4 daz ich[1]) dir wil bewisen. und do gink *er* uz dem
lande zu Chaldea und wonte danach in Carran, und
da nach den do sien vatir irstarb, do vuerte in got in
5 daz lant, in dem wir nue hie wonen. und er ingab im
doch keyn erbe in dem lande noch ouch so breyt als
iz eyn vuz betreten mochte. sundir er gelobte im daz
lant zu geben zu eyme besitzenden erbe und syme
geslechte nach im, do er doch dennoch keynen sun
6 enhatte. sundir got d^s sprach ouch zu im, daz sin same
solde eyn ynwoner w^{s}den eyns vremden landis und daz
di lute synen samen in eynen dinst undirtenik solden
machen und solden si ubele handelen virhundirt und
7 drizig jar. und ich herre spreche iz, daz ich daz volk
richten wil, dem sy dinen w^{s}den, und danach so w^{s}den
sy uz dem lande wanderen und werden mir dinen in
8 disir stat. und damite so gab er im daz testament d^s
besnidunge, und also gezylte er Ysaac und umbesneit
in an dem achten tage und also tet Ysaac Jacob dort
9 und Jacob den zwelf patriarchen. und des nyeden di
patriarchen Joseph und vorkouften *in* in Egypten. und
10 got d^s was mit im und loste [637^b] in uz alle synen
noten und gab im gnade und wisheit in dem angesichte
Pharaonis des kuniges van Egypten, und der satzte in
synen scheffir ubir Egypten und ouch ubir alle syn
11 huys. sundir do quam d^s hungir in alle daz lant zu
Egypten und zu Chanaan und groze kummers not, und
12 do invunden unsere vetere keyne spise. abir do Jacob
daz irhorte, daz in Egypten weyze were, do sant er
13 unsere vetere des ersten, und zu dem andren male do
wart Joseph van in irkant, und do wart Pharaoni sin
14 adil bekant. abir do sante Joseph und lut zu im Jacob
synen vatir und alle syne neveschaft in vumf und
15 sibenzik selen. und des vur Jacob nydir in daz lant
16 zu Egypten und er irstarb da und unsre vetere und
wurden ubirvurt in Sychem daz lant[2]) und wurden
geleit in daz grab, daz Abraham gekoufit hatte mit
dem silbirgelde van Emor sunen der Sychems son was.

---

[1]) er, das aus dem folgenden verse, wo es ergänzt werden
muß, hierher geraten ist.   [2]) lant zweimal geschrieben.

abir do sich di zit des gelubdis nehete, daz got Arahe 17
behant hatte, do wuchs daz volk und wart sere gemerit
in Egypten untz also lange, daz eyn andir kunig in 18
Egypten irstunt, der van Joseph nicht enwuste. und 19
der umquam mit argir list unsir adil und pflagete
unsre vetere, also daz si ire jungen kindre uz in den
tot setzten, uf daz si *icht* lebene bliben. und in der 20
selben zit wart Moyses geborn und was gote annem
und er wart heimelichen in [638ᵃ] synis vatir huyse
dri mande irnerit. abir do er uz in daz wazzir gesatzt 21
wart, do nam in uf Pharaonis tochtir und zouch in ir
zu eyme sune. und Moyses dˢ wart gelart in alle der 22
wisheit der van Egypten und er was mechtig in den
worten und ouch in synen werken. sundir do di zit 23
virczik jare vollenbrocht wart, do steyk iz in sin herze,
daz er wolde waten zu synen brudren zu Israhelis
sunen. und do er sach, daz irer eynr ubirlast leyt, do 24
rach er den der da leyt und machte deme rache dˢ di
ubirlast ane schult leit in dem, daz er den Egyptien
man zu tode sluc. sundir er wold ouch daz wenen, daz 25
syne brudre daz vornemen, daz in got durch sine hant
daz heil wurde geben. abir sie envornamen sin nicht.
sundir an dem andren tage danach do irschein er zwen 26
krigenden luten und vorsunte sie in vride sprechende:
manne, ir siet brudere, und wonach schat ir denne
eynr dem andren? abir der, der da ubirlast syme 27
nehesten tete, dˢ vortreib in sprechende: ,wer hat dich
zu eynem vursten und eynem¹) richter ubir uns gesatz?
odˢ wiltu mich liche e toten als du gesterne eynen 28
Egyptien man totist? abir Moyses der vloch van des 29
wortes wegen und wart eyn vremder zukumelinc in den
landen zu Madyan, und da zilte er ouch zwene sune.
sundir do er virzik jar vollenbrachte, do irscheyn im 30
in [638ᵇ] der wustenunge des bergis Syna der²)
engil in eynem vuere dˢ vlammen des puschis. abir
do daz Moyses irsach, do nam in des gesichtis eyn 31
wundir, und do er zu trat, uf daz er iz merkte,

---

¹) eynen.   ²) Davor: do irscheyn im.

do geschach eyne stimme des h⁵ren zu im sprechende:

32 ich byn got dynr vetre, Abrahamis got und Ysaachs
got unde Jacobs got. abir do wart Moyses bibende
und intorste syn gemerke dazu nicht setzen als daz

33 er is besege. sundir do sprach zu im got: lose di
schue dyner vuze, den di stat an der du steist ist eyne

34 heilige erde. ich han sehende gesehen di swere ubir-
last mynis volkis, daz da ist in Egypten, und ire
clagende irsufczen hab ich gehort und bin nyd⁵ kumen
si zu losne und nu kum, ich wil dich senden in

35 Egypten. set, disen Moysen, des sy ¹) vorgeloukent
hatten sprechende: wer hat dich eynen vursten und
eynen richter ubir uns gesatzt, set, den sante got eynen
vursten und eynen irloser in der hant des engils, der

36 im in dem pusche irschenen was. und disir vurte si
tunde groze ungewonliche wundirw⁵k und zeychene in
dem lande zu Egypten und in dem roten mere und in

37 d⁵ wustenunge virzig jar. dis ist der Moyses, d⁵ zu
Israhelis sunen sprach: got der wirt uch eynen pro-
pheten irwecken uz uweren bruderen und den sullit ir

38 horen als mich selben. disir ist der da waz in der
kirchin in der wustenunge mit dem engele, der [639ᵃ]
mit im uf dem berge Syna rette und mit unseren
veteren, und der nam ouch di wort des lebens in den

39 geboten uns zu geben. und den inwolden unsere vetere
nicht gehorsam syn, sundir si triben in besiten und

40 wanten sich wid⁵ mit iren h⁵zen in Egypten sprechende
zu Aaron: mache uns gote, di uns vorgen und leyten,
den wir inwissen sin nicht, was disme Moysi widir-

41 varen si, der uns uz Egyptenlande gevurt hat. und des
machten sy eine kalbe in den tagen unde oppferten da
dem bilde eyns vremden gotis ire opfir und vrowten

42 sich da in den werken irer hende. abir do wante si
got umme unde gab si uz zu dinende d⁵ rittirschaft der
himele, daz ist dem gestirne, als da geschriben ist in
dem buche der propheten: ir israhelise huys, unde wi
brocht ir mir opfir odir ouch uwir getote vye virzik

---

¹) Am rande.

jar in der wustenunge? neyn mir nicht, sundir ir 43
inpfingit Molochs des abgotis tabernakil und den schine-
den stern uwers gotis Rempham, dy figuren dy ir uch
dazu gemachit hettit, uf daz ir sy anebetit. sund⁵ daz 44
tabernakil des testamenti was mit uweren veteren in
d⁵ wustenunge, als iz got uzgerichtit hatte uf dem
berge sprechende zu Moyse, daz er is nach d⁵ selben
formen machte als er gesehen hatte. und daz selbe 45
tab⁵nakil namen uwere vetere uf mit Yosue, d⁵ ouch
Jhesus [639ᵇ] genant ist, und brochten is in dy lant,
di dy heydene besasen, den dy heyden vortreib got
von dem antlitz uwerer vetere untz an Davidis tage,
der da gnade vant by gote und bat, das er daz tab⁵nakil 46
des herren mochte gevinden. sundir Salomon d⁵ buete 47
im eyn huys. aber d⁵ hoe got der inwonit nicht in dem 48
beheltnisse, daz mit menschenhenden gebuet ist, den
also ist ouch durch den propheten gesprochen: der 49
himel ist myn stul, sundir dy erde ist eyn schemil
mynr vuze. und was husis mugit ir mir gebuen, spricht
der h⁵re, odir welch ist dy stat mynr rue? und inhat 50
myne hant nicht alle dise dinc gemachit? ir hertis 51
genickis und ir umbesnitzens h⁵zen und d⁵ oren, ir
habit alle zit dem heiligen geyste widirstrebit, als
uwere vetere getan haben als tut ouch ir. den welchen 52
propheten enhaben uwere vetere nicht vorvolgende
geechtit? und sy han dy getot, di da vor botschaften
van d⁵ zukumft des gerechten. und des selben gerechten
vorretere und manslechere siet ir ouch gewesit, want 53
ir siet dy, dy die geschriben e in d⁵ uzrichtunge der
engele van gote habit entpfangen und enhabit der e
nicht bewart. abir do sy dise wort irhorten, do wurden 54
sie mit mue zuteilit in iren h⁵zen und knarschten mit
iren zcenen wid⁵ in. abir do Stephanus vol waz des 55
[640ᵃ] heiligen geistis, do sach er ebene merken in
den himel und irsach gotis ere und Jhesum sten zu
d⁵ rechten hant d⁵ craft gotis und er sprach: set, ich 56
sehe die himele offen und des menschen son sten zu
der rechten hant d⁵ craft gotis. abir do entrifen sy mit 57
grozir stimme und betoubeten ire oren und irhuben

58 sich gemeynlichen mit sturmendem vrevele an in und
triben in mit gewalt uz der stat und steyneten in. und
dy gezuge leyten nidir ire cleidere bi eyns jungelingis
59 vuze, d⁵ was Saulus genant. und sy steynten Stephanum
got anrufende und sprechende: herre Jhesu, enpfach
60 mynen geist. abir do er sine knye an dy erde gesatzte,
do rief er mit grozir stimme sprechende: herre, insetze
in dis nicht zu sunden, want sy enwissen nicht was sie
tun. und nach dem do er dis gesprach, do entslief er
in dem herren.

8   Dis ist das sibende capitil.

1 Sundir Saulus d⁵ was mit in eyntrechtig und schuldic
an syme tode. abir an deme tage so wart eyne
groze echtunge in der kirchen d⁵ geloubigen dy
da was zu Jherusalem, also daz si alle zustrowit wurden
durch dy judischen lant und in Samarien ane dy
2 apostele alleyne. sundir vorchtsame manne dy leyten
ruche an Stephani bygraft und machten eyne groze
3 weynende clage ubir [640ᵇ] in. abir Saulus d⁵ vor-
wuste dy kirche und ginc in dy husere und zcouch
daruz dy manne und wibe in dy hute des gevencnissis.
4 sundir dy jungere, di da zustrowit waren, dy wanderten
daz lant umme und ewangelizirten daz wort des h⁵ren.
5 abir Philippus d⁵ wandirte nidir in eyne stat zu Samarie
6 in dem lande und predigete den luten Cristum. und
dy schare merkte ebne an dy rede, dy in van Philippo
gesagit wurden in horende gemeynlichen, want sy sagen
7 dy zeichene dy er tete, den der vile uz in, dy die un-
reynen geyste hatten, die gingen uz van in rufende
8 mit grozir stimme. ouch so wurden da vile gychtigir
9 lute und lamir geheilit. und darum so wart da groze
vrowde in d⁵ stat. sundir da¹) was eyn ²) man, d⁵ was
Symon genant und der was vor der zit in der selben³)
stat eyn zouberer gewesit vorleitende daz volk van

---

¹) Verb. aus: daz.   ²) Verb. aus: eym.   ³) Davor, aber
getilgt: stat.

Samarien, want er sprach, daz er etwaz grosis were.
und dem gehorchten sie alle van dem minsten untz an 10
den grosten sprechende von im: disir ist dy craft gotis,
dy da genant ist dy grose. abir darum so gehorchten 11
si im, want er hatte sy manche zit mit synr zouberie
yrer witze beroubit. abir nachdem do sy Philippo, 12
der in ewangelizirte van dem riche gotis, geloubit
hatten und getoufit waren, beyde dy manne und dy
wybe in dem namen Jhesu Cristi, do wart ouch d^s 13
Symon geloubic. [641^a] und do er getoufit wart, do
hilt er sich an Philippum bi im blibende. abir do er
dy zeichene irsach und dy grosen tugende, dy da ge-
schagen, do wart er synr witze entsatzt van wundirs
wegen. sundir do daz dy apostele irhorten, die czu 14
Jherusalem waren, daz Samaria enphangen hette daz
wort gotis, do santen sy zu in Petrum und Johannem.
do baten sy vor sy, uf das sy den heiligen geist ge- 15
nemen. den d^s heilige geist enwas dennoch nicht in 16
eynen iclichen irer kumen, sund^s sy waren alleyne ge-
touft in dem namen des h^{s}ren Jhesu. und do leyten sy 17
ire hende uf sy, und do namen sie den heiligen geist.
abir do daz d^s Symon irsach, daz d' heilige geist ge- 18
geben wart in dem, so dy apostele ire hende uf dy
lute leyten, do bracht er in gelt sprechende: gebit mir 19
ouch dy gewalt, daz d^s den heiligen geist neme, dem
ich dy hende uf daz houbit lege. sundir do sprach
Petrus zu im: din^1) gelt si mit dir in eyne vorlust, den 20
du hast des mut gehabit, daz du dy gabe gotis mochtist
durch din gelt besitzen. du enhast keyn teil noch dir 21
inist keyn loz gevallen in disir rede, wan din herze
inist nicht gerecht vor gote. und darum: so beganc 22
buse um dise dine schalcheit und bitte got, ob dir
lichte disir gedanke dinis herzen vorgeben muge w^{s}den,
den ich sehe dich wesen in d^s bitt^{s}keit der galle und 23
in eynr vorbindunge d^s bosheit se ich dich wesen. abir 24
do antworte Symon und sprach: betit ir vor [641^b]
mich zu dem h^{s}ren, uf daz d^s dinge keyns uf mich

---

^{1}) Davor, aber durchstrichen: nym.

25 kume, di ir gesprochen habit. abir do di jungere da
dem h^ren den gezuk gegeben hatten und do sy das
wort des h^ren geretten, do wandirten sy widir zu
Jherusalem und predigeten daz wort des h^ren in vile
26 stete d^s Samarien. sundir do rette d^s engil des herren
zu Philippo sprechende: stant uf und ganc an den weg
kegen den mittak, der da nydir get von Jherusalem zu
27 Gazam d^s stat, und dy ist wuste. und er stunt uf und
gink, und sich, da was eyn man eyn more eyn gewaldic
ummechtig man zu vleischlicher lust ein hutman
Candacis d^s kuniginne van Morlande und der waz
ratende ubir alle ire schetze: der was kumen zu
28 Jherusalem got anzubetende. und der wante sich
widir heymwerter sitzende uf synen wagen und lesende
29 Ysaiam den propheten. abir do sprach d^s geist zu
Philippo: trit neher und geselle dich zu dem wagene.
30 sundir do Philippus zu dem wagene gelief, da horte er
in [1]) Ysaiam den [2]) propheten lesen. und er sprach zu
31 im: wenstu daz du dy ding vornyms, dy du lisist? und
do sprach er: und wy mac ich sy vornemen, is ensy
denne daz mich ymant an sie wise? und darum so bat
er Philippum, daz er uf den wagen stige und seze mit
32 im. sundir dis waz di stat der schrift, dy er las: er ist
sam eyn schaf zu dem tode gevurt, unde [642^a] als
eyn lam ane stimme vor dem vorstummit der is be-
33 schirit, also inhat er synen munt nicht ufgetan. in
demut ist sin gerichte wecgenumen, und wer mac syne
geburt nue mit worten gekundigen? want sin leben
34 wirt hinwec van d^s erden genumen. abir do antworte
der eunuchus Philippo und sprach: ich bitte dich
vlehende, sage mir, van weme daz er dise wort spricht,
ob er sy van im selben spreche od^s van eyme andren.
35 sundir do offente Philippus synen munt und begunde
36 van d^s schrift und predigete dem eunucho Jhesum. und
do sie vort den weg wanderten, do quamen sy zu
eynem wazzere. und do sprach d^s eunuchus zu Philippo:
sich, hy ist eyn wazzer, und wer vorbutit mir is ich

---

[1]) Am rande.   [2]) Verb. aus: dem.

inlase mich toufen? abir do sprach Philippus: ist is 37
daz du uz gantzme herzen geloubis, so ist is dir irloubit.
do antworte er und sprach: ich geloube, daz Jhesus
gotis sun sy. und des hiez er den wagen sten, und des 38
stigen sie beyde in das wazzir Philippus und der
eunuchus, und er touf in. abir do er uz dem wazz⁵ 39
gesteik, do zuchte der geist des h⁵ren Philippum, und
do vorbas ensach in der eunuchus nicht me, sundir er
wanderte synen weg sich vrovende. abir Philippus d⁵ 40
wart gevunden in Azoto, und er ubirwandirte daz lant
und ewangelizirte alle den steten, untz er quam zu
Cesare- [642ᵇ] am in dy stat.

Diz ist daz achte capitil.   9

Abir Saulus der was noch in eyme grimmenden 1
geiste mit slegen drowende den jungeren des
herren, und er ging zu den vursten d⁵ pristere
und bat von in brive des gezugis zu Damascho in dy 2
synagoge d⁵ Juden, uf daz, ob er an dem wege icht
manne odir wibe vunde, daz er di gebunden brechte zu
Jherusalem. und do er des weges wanderte, do geschach 3
is, das er sich nehete zu der stat Damasco, und do
vollenbalde umschein in eyn liecht uz dem himele.
und do er an dy erde geviel, do hort er eyne stimme 4
sprechende zu im: Saule Saule, was echtstu mich? do 5
sprach er: wer bistu, h⁵re? und er: ich bin is, Jhesus
Nazarenus, den du vorvolgende echtist. hert ist dir is
mit krige widir den stachil zu sperren. und do sprach 6
er bibende und sere irschreckende: herre, was wiltu
daz ich tu? und der h⁵re sprach zu im: stant¹) uf und
gank in dy stat, und da wirt man dir sagen, was du
must tun. abir dy manne, dy da mit im in d⁵ geselle- 7
schaft des weges waren, dy stunden irschroken. den
sie horten wol dye stimme, abir sie insagen nymande.
sundir do irstunt Saulus uf van d⁵ erden und mit offe- 8
nen ougen insach er nichtisnicht. und do namen sy in

¹) Sant.

mit synen henden zihende und vurten in in zu Damasco.
9 und da¹) was er drie tage nicht sehende und enaz
10 nicht noch intrank. abir da was [643ᵃ] eyn junger des
hˢren zu Damasco, des name waz Ananyas genant, und
zu dem sprach der hˢre in eyme gesichte: Ananya.
11 und er sprach: sich, ich bin hy, hˢre. und der hˢre
sprach zu im: stant²) uf und gank in dy gazze, dy
dy gerechte ist genant, und such in Judas huse Saulum,
dˢ Tharsensis van Tharso der stat ist genant, den sich,
12 er betit. und er wirt sehen eynen man Ananyam genant
zu im ingehen und dy hende uf in legen, uf daz er
13 das gesichte widir neme. abir do antworte Ananyas und
sprach: herre, ich han van vile luyten van dem manne
gehort, wi vile argis er getan hat dinen heiligen zu
14 Jherusalem. und disir selbe hat dy gewalt van den
vursten dˢ pristre, daz er alle dy binden und vahen
15 mac, dy dinen namen anrufen. sundir do sprach dˢ hˢre
zu im: ganc, den er ist mir eyn vas der irwelunge, uf
daz er mynen namen trage vor den heyden und den
16 kunigen und vor Israhelis sonen. want ich wil im be-
wisen, wy grose ding er lyden muse durch mynen
17 namen. und do gink Ananyas und quam in das huys
und leyte dy hende uf in und sprach: Saule bruder,
Jhesus der hˢre hat mich gesant, dˢ dir irscheyn an
dem wege in dem du quamis, uf daz du sehis und
18 werdis irvullit mit dem heiligen geyste. und do vollen-
balde do vilen van synen ougen als dy schupen, und
er nam widir daz gesichte. und do er uf gestunt, do
19 wart er getoufit, und nachdem do [643ᵇ] er dy spise
genam, do wart er gesterkit. sundir do waz er da mit
den jungeren, dy da zu Damasco waren, etliche tage.
20 und do zuhant ginc er in dy synagogen und predigete
da den hˢren Jhesum sprechende: den er ist gotis
21 son. abir des irschraken dy alle, dy daz horten, und
sprachen: und inist nicht disir der, der da zu Jherusalem
widir alle dy vacht und sy vorstorte, dy den namen
anrifen? und er ist darum her kumen, daz er sie ge-

---

¹) Verb. aus: daz.   ²) Sant.

bunden vure zu den vursten d[s] pristre. sundir Saulus 22
wart vile me gecreftigit und lesterte dy Juden, dy da
wonten zu Damasco, mit wareyt zuzugende, daz er
Cristus ist. abir danach do vile tage irvullit wurden, 23
do machten dy Juden eyne besamnunge eynis ratis, uf
daz sy in toten. abir Saulo dem wurden ire bosen 24
lagen kunt[1]), dy sie im geleit hatten, den si behutten
mit hutluten dy pforten beyde tag und nacht, uf daz
sy in toten. abir syne jungere dy namen in des nachtis 25
und lysen in nydir ubir dy mure in eyme korbe.
sundir do er zu Jherusalem gequam, do vorsucht er is, 26
ob er sich mochte gesellen zu den jungeren, den sy
vorchten in alle und ingeloubten[2]) des nicht, daz er
Cristi junger were. abir do in Barnabas begreyf, do 27
vurte er in zu den apostelen und sagete in, wy er den
h[s]ren an dem wege hette gesehen und wy er mit im .
geret hette und wy er kunlichen getan hette zu Damasco
in Jhesu namen. [644[a]] und do was er da mit in zu 28
Jherusalem ingende und uz und wurchte kunlichen in
Jhesu namen. und ouch so ret er daz wort gotis zu 29
den heiden und disputirte mit den Krichen. abir dy
Juden suchten wege, wi sy in toten mochten. und do 30
daz dye brudre irkanten, do vurten si in in der nacht
zu d[s] stat Cesarean und lisen in vortan zcien zu Tharso.
sundir dy kirche hatte vride durch alle daz judische 31
lant und durch Galyleam und durch Samariam und sy
wart mit merunge gebuit wanderende in d[s] vorchte des
h[s]ren und wart irvullit mit dem troste des heiligen
geistis. abir is geschach do Petrus dy brudere alle umme 32
bewanderte, daz er quam in die stat Lidde. und da 33
vant er eynen menschen, des name Enea was genant,
und d[s] hatte gelegen van achte jaren in synem bette
siech, den er was gychtik. und zu deme sprach Petrus: 34
Enea, Jhesus Cristus der h[s]re mache dich gesunt, stant
uf und berichte din bette. und do stunt er alzuhant uf.
und do den menschen alle dy irsagen, di da wonten 35
zu Lidde und zu Sarone, do bekarten sy sich alle zu

---

[1]) Am rande.   [2]) Verb. aus: imgeloubten.

36 dem h⁵ren. sundir zu Joppe in d⁵ stat was eyne jungerinne,
    dy was Thabyta genant, und daz ist so vil uzgeleyt
    gesprochen als Dorcas, und dy was vol gutir werk und
37 almuse, dy si tete. abir is geschach in den tagen, das
    sye cranc wart und irstarb. und do sye [644ᵇ] dy
    andren gewuschen, do leyten sy sy in das mushus.
38 sundir so Lidda na was by Joppe und do das dy jungere
    irhorten, daz Petrus da were in d⁵ stat, do santen sy
    zwene man zu im sprechende mit bete: wis dazu nicht
39 trege, daz du kumis bes zu uns. und des irhub sich
    Petrus und quam mit in. und do er zu in gequam, do
    vurten sy in in daz mushuys und da ummestunden in
    alle dy wytwen weynende bewisende ire rocke und
40 ire cleidere, dy in die selbe Dorcas machte. abir do
    dy luyte alle uzgetriben wurden, do satzte sich Petrus
    an syne kny und bette, und do er sich umme zu dem
    lichame gekarte, do sprach er: Tabyta, stant uf. do
    offente sy ire ougen und do sy Petrum gesach, do
41 entsatz sy. abir do gab er ir dy hant und irhub sye.
    und do er zu im gelut die heiligen und die wytwen,
42 do antwort er sy in lebende. und daz ding wart kunt
    als wite als Joppen was, und darum so geloubten irer
43 vile an den h⁵ren. und do geschach is, daz er vile tage
    bleyb wonen by eyme ledirgerwere, des name was Symon
    genant.

10   Diz ist das nunde capitil.

1 Sundir da was eyn man, des name was Cornelius
    genant, und der was eyn centurio ubir die trucht
    d⁵ hundirt rittere, dy van Ytalien dem romischen
2 lande genant was. und der dinte dem h⁵ren in sundir-
    licher geystlicheit und vorchte ouch in mit alle syme
    gesinde. und er gab ouch vile [645ᵃ] almuse deme
    volke und er bette ouch zu allen geziten den h⁵ren an.
3 und der sach offenberlichen als in eyme gesichte als
    me als zu der nunden stunde des tagis den engil gotis
4 zu im ingen und sprechen zu im: Corneli. und do er
    in angesach, do wart er etwas mit vorchte in syme

geyste strafende entsatzt und sprach: w^s bistu, h^{s}re?
abir do sprach er zu im: din gebet und dine almuse
dy sint ufgestigen in eyn gedechte vor des herren an-
gesichte. und darume so sende nu zu Joppen manne 5
und lade zu dyr eynen Symonem, der Petrus zugenamit
ist. und der ist zu herberge zu eyme, der ist Symon 6
genant und ist eyn gerwer d^s ledere, und des selben
mannis hus ist by dem mere. der wirt dir sagen, was
du wirst musen tun. und do der engil van im geschiet, 7
d^s mit im rette, do lut er zu im zwene manne uz dem
gesinde synis husis und eynen ritter, der ouch den
h^{s}ren vorchte, eynen uz den, dy im zu gebote stunden.
und do er den alle dise ding gekundigete, do sant er 8
sye zu Joppen. abir an dem nachvolgenden tage, do 9
sy iren weg machten, uf daz sy in volbrechten, und
sich der stat neheten, do steik Petrus uf in dy hoe
des huses uf den sulr, uf daz er bette by d^s sechsten
stunde. und do in danach hungerte, do wold er d^s spise 10
smecken, abir do sy im dy spise bereiten, do vil uf in
eyn ubirtreten des geistis ubir sich selben. und sach 11
den himel [645^b] offen, und da quam nidir eyn vas
als eyn groz lielachen, daz wart als mit vir ortren
hernidir gelasen uz dem himele uf dy erde. in dem 12
so waren alle virvuzige tyre und slangen d^s erden und
gevugele des himels. und do geschach eyne stimme zu 13
im: stant uf, Petre, tote und iz. abir do sprach Petrus: 14
daz sy van mir gevirrit, h^{s}re, den ich habe nye keyn
gemeyne ding odir eyn unvletigis^1) gezzen. sundir do 15
sprach ab^s eyns zu dem andren male di stimme zu im:
wye tarstu daz gemeyn sprechen, daz got gesubert hat?
und daz geschach zu drin malen. und daz vas wart 16
zuhant widir in den himel genumen. unde do Petrus in 17
im selber mit eyme krige vacht, was dis gesichte mochte
gesien, daz er gesehen hatte, set, da waren da die
manne, dy gesant waren van Cornelio suchende Symonis
huys, und dy stunden^2) da vor der tur. und do sie den 18
wirt^3) zu in geluden, do vregeten sy, ob Symon da syne

---

^{1}) vnvletitis. ^{2}) stunde. ^{3}) virt.

19 herberge hette, d⁵ Petrus gezunamit were. abir do Petrus
   in im selben van dem gesichte trachte, do sprach zu
   im der heilige geist: sich, dri manne dy suchen dich.
20 und darum so stant uf und ganc hin nidir und wand⁵e
   mit in nichtisnicht zwivelende. den ich han sie gesant.
21 abir do steic Petrus nidir und sprach zu den mannen:
   set, ich bin is, den [646ᵃ] ir suchit, und welch ist dy
22 sache, um dy ir kumen sit? und sy sprachen: Cornelius
   d⁵ centurio, der eyn gerecht man ist und got vorchtende
   und der ouch guten gezucht hat von alle dem gemeynen
   volke d⁵ Juden, der nam eyn antworte van dem heiligen
   engele, daz er dich zu im laden solde in sin huys unde
23 solde van dir di wort des lebens horen. und darum so
   nam sy Petrus zu im und nam sy in dy herberge.
   ab⁵ an dem andren tage danach do stunt er uf und
   wanderte mit in, und etliche uz den bruderen van Joppe
   dy wanderten mit im, uf daz sy Petro zu eyme gezuge
24 weren. sundir danach an dem andren tage do quam er
   in dy stat zu Cesaream. abir Cornelius der beite irer
   und er hatte syne neven zusamne geladen und syne
25 notdurftigen vrunde. und is geschach do Petrus darin
   gequam, do quam im Cornelius zu inkegen und vil
26 nidir zu synen vuzen und bet in an. sundir Petrus d⁵
   irhub in wid⁵ sprechende: stant uf, den ich bin ouch
27 eyn mensche als du. und redende mit im so gink er
   in daz huys und do vant er der vile, di da zusamen
28 gekumen waren. sundir zu den so sprach er: ir wissit
   is, wie ummenschlich das¹) eyme judischen manne
   sye, daz er sich geselle odir in eyns vremden menschen
   huys kume. sundir got d⁵ hat mir daz bewisit, daz ich
   nymant [646ᵇ] und ouch keynen menschen gemeyn odir
29 unvletig sulle sprechen. und darum so quam ich her
   ane wankilmutikeit, do ich geladen wart, und darum
   so vrage ich uch, um welche sache ir mich her ge-
30 laden habit.²) und do sprach Cornelius zu im: van nu
   ubir vir tagen untz an dise stunde so was ich betende
   und vastende untz an dy nunde stunde in myme huyse,

---

¹) Davor: daz.   ²) hahit.

und sich, do stunt eyn man vor mir in eyme wyzen
cleyde und sprach zu mir: Corneli, din gebet daz ist 31
irhort, und dine almuse sint bedacht in dem angesichte
gotis. und darum so sende zu Joppen und lade zu dir 32
Symonem, d⁵ da Petrus gezunamit ist, und d⁵ hat syne
herberge in Symonis huse des ledirgewers by dem mere.
und so der kumt, so wirt er mit dir reden. und darum 33
so sant ich balde, und du hast wol getan, daz du zu
uns bist kumen, und darum so sye wir hy nu alle in
dym angesichte gesamt und wellen horen alle dy ding,
dy dir van dem hᶜren geboten sint. sundir do offente 34
Petrus synen munt und sprach: ich han is in warheit
irvaren, das got nicht dy personen d⁵ lute irwelit nach
behegelicheit. sundir d⁵ ist im anneme in eyme iclichen 35
volke, der got vorchtit und gerechtikeit wirkit. eyn 36
wort sante got den israhelischen sonen kundigende
den vride durch Jhesum Cristum: und der ist eyn got
allir dinge. ir wissit is, daz eyn wort [647ª] geschen 37
ist durch alle judische lant, den anhebende van Galylea
nach d⁵ toufe Johannis, wy er predigete Jhesum van 38
Nazareth, wy in got salbete mit dem heiligen geiste
und mit craft, und der umwanderte ¹) alle dy lant wol-
tuende und heilende alle dy, die da bedruckit waren
van dem tuvele, den got d⁵ was mit im. und alle d⁵ 39
dinge sy wir gezuge, dy er in alle dem lande der
Juden tete und ouch zu Jherusalem, und den toten sye
in hengende an eyn holtz. und den selben hat got van 40
dem tode irwackit an dem dritten tage und machte in
offenbar werden nicht allem volke, sundir den gezugen 41
alleyne, dy dazu van gote vor geordent waren, und
daz ist uns, den wir han mit im gezzen und getrunken
nach dem male, als er van dem tode irstunt. und er 42
gebot is uns dem volke zu predigen und den ²) gezuck
zu geben, daz er der ist, der da gesatz ist eyn richt⁵ der
lebenden und d⁵ toden. und disme selben *geben* ouch 43
alle propheten den gezuck, daz alle dy vorgebunge der
sunde sullen nemen durch synen namen, dy an in ge-

---

¹) vmwaderte.   ²) Verb. aus: dem.

44 louben. sundir do Petrus dennoch dise wort rete, do viel
45 der heilige geist uf alle dy, dy das wort horten. und
des wurden die geloubigen, dy da¹) uz dˢ besnidunge
dˢ Juden geloubic waren, sere²) mit irschreckende
irer sinne entsatzt, dy mit Petro dahin waren kumen,
daz ouch dy gnade des heiligen geistes in dye [647ᵇ]
46 geslechte der heidene gegozzen was. den sy horten, daz
sy manchirleye gezunge sprachen und got groslichen
47 lobten. und do antworte Petrus und sprach: und welchir
mac nu daz wazzir vorbiten, also das dise nicht getouft
wˢden, dy den heiligen geist ouch enpfangen haben als
48 wir? und des hiez er sy toufen in dem namen des
herren Jhesu Cristi. und do baten sy in, daz er by in
etliche tage blibe.

11   Dis ist daz zenhende capitil.

1 Sundir die apostele und dy brudere, dy in den landen
waren, dy irhorten das, daz dy heyden daz wort
2 gotis hetten enpfangen. und darum do Petrus zu
Jherusalem gequam, do satzten dy brudere widir in
eynen kriec an, die da waren uz der besnidunge,
3 sprechende: worm bistu zu den luten ingegangen, dy
daz vorhutchen iris gemechtis haben und umbesniten
4 sint, und hast mit in gezzen? abir do hub Petrus an
und leyte in den orden allir dinge uz sprechende:
5 ich was in dˢ stat zu Joppe betende und sach in eyme
ubirtretende³) mynis geystis eyn gesichte nydir kumen,
eyn vas als eyn groz lynin tuch an vir haken mit vir
ortren uz dem himele nydir lasen, und daz quam bes
6 zu mir. und do ich in daz gesach, do merkt ich und
sach virvuzige tyre der erden und bestien und krichende
7 tyre und daz gevugele des himels. sundir do hort ich
eyne stim- [648ᵃ] me sprechen zu mir: stant uf, Petir,
8 und tote und iz. abir do sprach ich: neyn mit nichte,
hˢre, den gemeyne spise odir ouch unvletige inist nye
9 in minen munt gekumen. und do antworte dy stimme

---

¹) Verb. aus: daz.   ²) Davor: wurden.   ³) vbirtrende.

zu dem andren male uz dem hymele: und wiltu dy
dinc gemeyn sprechen, dy got gereynigit hat? und daz 10
geschach zu drin malen. und danach do wurden alle
dye ding also widir uf in den himel genumen. set, do 11
vollenbalde stunden da dri manne in dem huse, in dem
ich waz, und di waren van Cesaream zu mir gesant.
sundir do sagete mir d⁵ geist, daz ich mit in ginge 12
nichtisnicht zu zwivelende. und sy quamen mit mir und
dise sechs brudere und wir alle besamt gingen in des
mannis huys. und d⁵ sagete uns, wy er den engil hette 13
gesehen in syme huse und sprechen zu im: sende zu
Joppen und lade zu dir Symonem, d⁵ Petrus gezunamit
ist. und der wirt dir wort sagen, in den du selic wirst 14
und alle din huys mit dir. sundir do ich begunde 15
reden, do viel der heilige geist uf sie, als er in uns
was kumen an dem beginne. ab⁵ do wart ich des h⁵ren 16
wortis gedenken, da er sprach: Johannes d⁵ hat ge-
toufit in dem wazzere, sundir ir sullit getoufit werden
in dem heiligen geiste. und darum ist iz daz got die 17
selbe gnade gegeben hat als uns, dy da gelouben in
[648ᵇ] Jhesum Cristum den h⁵ren, und wer was ich
denne, daz ich is dem h⁵ren vorbiten mochte, daz er
icht synen heiligen geist gebe¹) den, dy da geloubten²)
in den namen Jhesu Cristi? und do sy dise ding ir- 18
horten, do swigen sy und erberten got sprechende: und
darum so hat ouch got dy buse den heyden zu dem
leben gegeben? sund⁵ dy jungere, dy da zustrowit waren 19
van des kummers wegen der echtunge, dy da undir
Stephano geschach, dy umwand⁵ten alle dy lant untz
zu Phenice und zu dem Cypre und zu Anthiochia und
enreten doch des wortis gotis widir nymande den zu
den Juden alleyne. abir da waren etliche manne uz 20
den Juden van dem Cypre und van Cyrenen und do
dy zu Antyochia ingequamen, do reten sy zu den
Krichen und botschaften in den h⁵ren Jhesum. und dy 21
hant des h⁵ren was mit in. sundir da wart eyne groze
zal bekart zu dem h⁵ren. und dise rede quam zu den 22

----

¹) Verb. aus: geben.   ²) geloute.

oren d⁵ kirchen, dy da was zu Jherusalem ub⁵ dise
ding, und des santen sy Barnabam hin zu Antyochiam.
23 und do d⁵ dahin gequam und sach da dy genade des
h⁵ren, do wart er gevrowit und er mante sy dazu, daz
sy in dem vorsaze iris h⁵zen bliben stete in dem h⁵ren.
24 den er was eyn gutir man und vol des heiligen geistis
und des gelouben. und des wart da eyne grose schar
25 dem h⁵ren zugeleyt. abir danach do wanderte er zu
Tharso, uf daz er Saulum suchte, und danach [649ᵃ]
do er den gevant, do vurt er in mit im bes zu
26 Antyochia. und do hatten sy ire begencnisse zusamne
daz ganze jar in der kirchen, und da larten sy eyne
groze schar, also daz dy jungere zu Antyochia Cristi
27 volgere wurden benant. und in den tagen do quamen
28 ubir sy propheten van Jherusalem zu Antyochia. und
des stunt eynr undir in uf, des name was Agabus ge-
nant, und der kundigete den luten durch den geist
eynen grosen hunger zukumende in dem ganczen ertriche.
und der groze hungir geschach undir Clàudio dem
29 keysere. ab⁵ dy jungere eyn iclich⁵ nach dem als er
hatte, so satzten sy in daz vor eyn iclich⁵, das er welde
senden zu eyme dinste den bruderen, dy da wonten zu
30 Jherusalem und in dem judischen lande. und das teten
sy is sendende zu den eldesten durch dy hende Barnabe
und Pauli.

12   Dis ist das eilfte.

1 **A** bir in der selben zit do sante Herodes d⁵ kunic
       uz dy gewalt synr hende, uf daz er etliche
2   pynigete uz d⁵ kirchen. sundir er tote Jacobum,
3 Johannis brudir, mit dem swerte. abir do er daz irsach,
daz is den Juden behegelich was, do leyt er dazu, daz
er ouch Petrum wolde begrifen. abir is waren dy tage,
4 so man daz brot solde ane surteyk ezzen. und do er
den begreif, do satz er in in den kerker und antworte
in vir ordenen der rittere zu bewarne, und er wold in
5 vorbrengen dem volke nach deme pascha. und also
wart Petrus behal- [649ᵇ] den in dem kerkere. abir

gebet geschach van der kirchen ane undirlaz vor in.
abir do die zit gequam, daz in Herodes solde vor- 6
brengen dem volke, in der selben nacht was Petrus
slafende zwischen zwen ritteren gebunden mit zwen
keten, und dye hutlute vor d^s tor dye huten des kerkers.
und sich, d^s engil des h^{s}ren der bestunt by im und 7
daz liecht irscheyn in dy wonunge des kerkeres. und
do der engil Petri syte gesluc, do wact er in sprechende:
stant uf snelle. und dy keten vilen abe van synen
henden. sundir do sprach der engil zu Petro: gurte 8
dich und schue dich mit dinen hosen. und er tet also.
und er sprach zu im: nym um dich din cleit und
volge mir. und uzgende volgete er im und enwuste des 9
nicht, ob is war were, daz da geschach durch den engil;
den er vormute sich, daz er eyn gesichte sehe. sundir 10
sye ubirgingen dy erste und dy andre hute, do quamen
sye zu der yserinen pforten, dy da leytit zu der stat,
und dy wart vrielichen ane erbeyt geoffent. und des
gingen sye uz und wandirten vortan[1]) in eyn wicbilde.
und do alzuhant schiet sich d^s engil van im. und do 11
Petrus widir[2]) zu im selben gequam, do sprach er: nu
weyz ich is werlichen, daz der herre synen engil ge-
sant hat und hat mich gelosit uz Herodis hant und uz
alle der beytunge des judischen volkes. und also 12
merkende [650^a] quam er zu Marie huyse, Johannis
mutir, d^s zu syme zunamen Marcus hiez, und da waren
irer vile besamt und beten. abir do er an daz turlien 13
des toris geclopfte, do ginc eyne mayt zu sehende, dy
was Rode genant. und do sy Petri stimme irkante, do 14
entet sy van vroude wegen dy tuer nicht uf, sundir si
lief widir hin und botschaft is, daz Petrus da uzwendic
vor d^s tur stunde. und do sprachen dye alle zu ir: 15
du tobis. abir sy bestetigete is mit iren reden, daz is
also were. sundir sye sprachen: is ist syn engil. abir 16
Petrus bleib da stete cloppende. und do sy dye tur
offenten und in gesagen, do irschraken sye alle. abir 17
Petrus d^s wenkte in mit synr hant, daz sye swigen. und

---

[1]) Verb. aus: wortan.   [2]) widir widir.

do sagete er, wi in der herre uz dem kerkere hette
gevurt. und er sprach ouch: botschaft is Jacobo und
den bruderen. und do ging er van in uz und wandirte
18 an eyne andre stat. abir do is tag gewart, do geschach
nicht eyn clein betrupnisse undir vile luten um daz,
19 was da an Petro geschen were. abir nachdem do in
Herodes gesuchte und sin nicht envant, do liez er dy
hutlute suchen und gebot, daz man sye vor in brechte.
und des vur er ny⁵d van Judenlande in Cesaream dy
20 stat und wonte da. sund⁵ er was zornnik wurden widir
di lute van Tyro und van Sydone. unde dy quamen
alle undir eyme gemu- [650ᵇ] te besamt zu im, und do
sye iren rat mit Blasto genamen, d⁵ da was ratende
ubir des kuniges slafgadem, do begerten sye des vridis
mit im; den ire lant dye wurden mit spise van im
21 vorstanden. sundir an eyme gesatzten tage, den er dazu
uzirwelit hatte, do cleyte er sich in eyn kuniglichis
cleit und satzte sich uf den richtestul synr mugeni-
22 keyt und rete da in manchirleye wise mit in. sundir
da was daz volk da hin widir schriende: daz sint
23 gotis stimmen und nicht des menschen. abir alzuhant
so balde sluc in der engil des h⁵ren, um daz er gote
nicht dy ere hatte gegeben, und er wart von den
24 wurmen vorzerit und gab uz van im synen geyst. abir
daz wort des h⁵ren wuchs und nam in mancherleye
25 wyse zu. sundir Barnabas und Saulus dye quamen widir
van Jherusalem, do sye iren dinst volbracht hatten, und
namen an sich Johannen, d⁵ da Marcus gezunamyt ist.

13   Dis ist das zwelfte capitil.

1 **A** bir da waren in d⁵ kirchen propheten und lerere
      und undir den so was Barnabas und Symon, d⁵
      der swarze genant was, und Lucius van Cyrenen
d⁵ stat und Manaen, d⁵ Herodis, der daz dritte teyl hatte,
2 eyn mitesoygeling was, und Saulus. abir do dy dem
h⁵ren dinende waren und vasten, do sprach zu in d⁵
heilige geist: scheydit mir Bar- [651ᵃ] nabam und Saulum
van den andren in daz werk, da ich sye zu an mich

genumen habe. und do vasten sy und beten und leyten 3
ouch uf sye ire hende und lisen sye van in. und als 4
sye gesant waren van dem heiligen geiste, so wandirten
sye in dy stat Seleuciam und vuren¹) davan czu 5
schiffe ubir und quamen in den Cypir, und do sye
quamen zu Salmina in dy stat, do predigeten sy daz
wort gotis in d⁵ Juden synagogen. abir sye hatten ouch
den vorbenanten Johannen mit in zu irme dinste. und 6
do sye daz ganze werder des Cypris ubirwandirten
untz zu Pafo, da vunden si eynen man, d⁵ waz eyn
Jude und der was eyn zouberer und eyn valsch pro-
phete, und des name was Barieu²) genant. und d⁵ was 7
mit eyme clugen manne, der was Sergius Paulus genant
und was der hoeste, da dy burgere d⁵ stat iren rat ane
suchen mosten. und d⁵ lut zu im Barnabam und Saulum
und begerte zu horen daz wort gotis. sundir der zouberer 8
Elymas d⁵ satzte sich dawidir (den also was sin name
genant) und suchte damite, wy er den ratgeben abe-
wendic machte van dem gelouben. ab⁵ Saulus, d⁵ ouch 9
Paulus ist genant, d⁵ wart irvullit mit dem heiligen
geyste und der blicte in tigir an und sprach: o du 10
tuvels son, du bist vol allir argen list und ouch allir
trugene und eyn vient allir gerechtikeyt. und enwiltu
noch nicht abelasen, [651ᵇ] du enwellis ummekeren dy
gerechten wege des h⁵ren? und nu sich, dy hant des 11
h⁵ren dy si ubir dich, du wirst blint und enwirst nicht
sehen dy sunne untz zu eynr zit. unde alsobalde viel
in in eyne blodikeit der ougen und eyn duisternisse,
und des ging er umme und suchte eynen, der im dy
hant gebe. und do d⁵ hoeste herre dy ding irsach, do 12
geloubte³) er und er nam eynen grosen wund⁵ ubir des
h⁵ren lere, wy groz sy were. und do Paulus van Pafo 13
mit eyme schiffe gevur und dy ouch, dy da mit im
waren, do quamen si zu Pergen, daz in dem lande zu
Pamphilien⁴) lac. sundir do schiet sich Johannes van
in und karte wid⁵ zu Jherusalem. abir sye wandirten 14

---

¹) wuren.   ²) Barien.   ³) geloute.   ⁴) pamplilien in
dem lande.

vort weg durch Pergen und quamen zu Antyochiam in
Presidien, und da gyngen sye in dy synagoge an dem
15 sunnabende und sasen. sundir nach der leccien, dy da
geschach in der synagogen uz der e und van den
propheten, do santen dye vursten der synagogen zu in
spregende: manne ir brudere, ist keyne manende rede
16 der lere in uch zu dem volke, so sprechit. und do
stunt Paulus uf und gebot mit d^s hant eyn swigen und
sprach: ir israhelischen manne und ir alle, dy got
17 vorchten, horit: got des israhelischen volkis irwelte
unsre vetere und irhub hoe daz selbe volk, do sye in-
wonere waren in dem lande zu Egypten, und in hoer
macht synis armis so vurt er sye uz dem lande und
18 [652^a] und leyt ire sitten durch dye zit virzyk jare
19 in d^s wustenunge und zustorte dy siben grose volk, dy
da waren zu Chanaan in dem lande, und er teylt in
20 ire lant mit dem loze als me als nach virhundirt und
vumfzik jaren, und danach so gab er in richtere untz
21 zu Samuel dem propheten. und danach do baten sy um
eynen kunig, und er gab in Saul Cys son, eynen man
22 uz Benyamins geslechte virzik jar. und do der abe
vortriben wart, do irwacte er in David zu eyme kunige,
und dem gab er selben eynen gezuk und sprach: ich
han David Yesse sun gevunden, eynen man nach
myme h^{s}zen, und der wirt tun nach allem mynen
23 willen. und uz des samen so hat got nach syme ge-
lobde dem israhelischen volke er vorbracht Jhesum den
24 heilant, und vor dem antlitze synr zukumft so predigete
Johannes dy toufe der bnze alle dem israhelischen
25 volke. abir danach do Johannes synen louf vollen-
brachte, do sprach er: den ir mich haldit, d^s ich sy,
der inbyn ich nicht, sundir set, d^s da nach mir kumen
ist, und des inbin ich nicht wirdig, daz ich dem den
26 schue synr vuze lose. und darum, manne ir brudere,
sune Abrahams adils und dy in uch got vorchten, uch
27 ist daz wort disis heilis gesant. den dye Juden, dy zu
Jherusalem wonten, und ouch dy vursten d^s stat dy ir-
kanten des nicht, daz disir Jhesus were, und [652^b]
dy stimme d^s propheten, dy man durch eynen iclichen

sunnabent lisit, dy haben sy richtende irvullit. und do 28
sy keyne sache des todis an im invunden, do baten
sy van Pylato, daz sy in toten mosten. abir do sye 29
danach alle die ding vollenbrochten,[1]) dy da van im
geschriben waren, do namen sy in abe van dem holtze
und leyten in in daz grab.

Das ist das drizende capitil.

Sundir got d⁵ irwacte in an dem dritten tage, und 30
er wart danach durch vile tage gesehen van den,
      dye da mit im gelich van Galylea zu Jherusalem 31
ufgestigen waren, und dy selben sint untz noch here
syne gezuge zu dem volke. und wir kundigen uch ouch 32
daz gelubde, daz da zu unsren veteren geschen ist, den 33
daz gelubde hat got irvullit unseren sunen ufirweckende
Jhesum Cristum, als da ouch in dem andren salmen
geschriben ist: du bist min sun, ich han dich hute
gezilt. sundir daz in got irwackit hat van dem tode, 34
also daz er vortme nicht darf gewandilt w⁵den in dy
vorstorunge eynis vorgencnissis, davan sprach got also:
ich wil uch geben dy getruwen heilige ding Davidis.
und ab⁵ an eynr anderen stat so spricht er: du inwirst 35
nicht dynen heiligen geben dazu, daz er sehe das vor-
gencnisse d⁵ vorstorunge. den do David gotis wille ge- 36
dinit hatte in d⁵ geburt synis lebens, do entslif er und
wart geleyt zu synen veteren und sach da- [653ᵃ] mite
synis lichams vorstorunge. sundir d⁵, den got van dem 37
tode irwackit hat, der inhat keine vorstorunge synis
lichamis gesehen. und darum, manne ir brud⁵e, so sy 38
uch daz kunt, das durch disen Jhesum eyne vorgebunge
d⁵ sunde gekundigit wirt und van alle den sunden, da
ir nicht mocht van gerecht w⁵den durch Moysen. abir 39
eyn iclich mensche, d⁵ an disen geloubit, der wirt ge-
recht. und darum so set das, daz icht ubir uch kume 40
daz da obne in den propheten geschriben ist: nu set 41

---

¹) vollenbrochen.

dye vorsmehere und lat uch des wundir haben, den ir
werdit zustrowit, wan ich wil eyn werk wirken in
uweren tagen, eyn werg des ir nicht gelouben w⁵dit,
42 so man is uch sagen wirt. abir do sy uzgingen, do
baten sy dye, di da in der synagogen waren, daz sy
in dem nachvolgenden sunnabende solden widir sy dise
43 wort reden. ab⁵ do dy synagoge d⁵ samnunge zulasen
wart, do volgeten vile Juden und vile vremder lute,
dy got anebeten und im dinten, Paulo unde Barnaba.
und dy reten widir sy und riten in, daz sy stete bliben
44 in d⁵ gnade gotis. sundir in dem nachvolgenden sunn-
abende do besamte sich volnach dy gancze synagoge
45 und quam zusamne zu horen daz wort gotis. abir do
dy Juden dye schare irsagen, do wurden sy irvullit
mit grimme und sprachen wid⁵ dy wort, dy da van Paulo
46 gesprochen [653ᵇ] wurden sy honende mit lastre. sundir
do sprachen beide Paulus und Barnabas mit kunheit
wid⁵ sy: man most alrerst zu uch reden daz wort gotis,
abir um daz so ir is van uch vortribet[1]) und uch un-
wirdic achtit des ewigen lebens, seth, so kere wir uns
47 zu den heyden. den also hat uns der h⁵re geboten: ich
han dich gesatz in eyn liecht der heyden, uf daz du
myn heil syest untz an daz letste ende des ertrichis.
48 und do das dy heiden[2]) irhorten, do wurden sy ir-
vrowit und erberten daz wort des h⁵ren und die ge-
loubten, di da vorgeordent waren zu dem ewigen lebne.
49 ab⁵ da wart daz wort des h⁵ren wyte gesehit durch
50 alle daz lant. abir dy Juden reysten mit irgremende
redeliche wib und erbere und dy ersten weldigere d⁵
stat und bewegeten mit irweckende eyne echtunge widir
Paulum und Barnabam und triben sy uz den enden
51 iris landis. abir do sy den stoub van iren vuzen widir
sy zu eyme gezuge geclopten, do quamen sy in *dy*
52 stat Yconium, und davan so wurden dy jung⁵e irvullit
mit vroude und mit dem heiligen geyste.

· ¹) vortribeit, das zweite i getilgt.   ²) iuden.

Diz ist daz virzenhende capitil.

Abir is geschach zu Yconio, daz sy zusamne 1
gingen in dy synagoge d⁵ Juden und reten widir
sy, also daz eyne gewaldige trucht der Juden, und
ouch d⁵ Krichen geloubic wart. sundir dy Juden, dy 2
da ungeloubic [654ᵃ] waren, dy irwacten zu zorne und
reysten dy selen d⁵ heyden widir dy brudere. abir sy 3
bliben doch da manche zit wonhaft unde wurchten da
kunlichen in dem h⁵ren. und das wort d⁵ gnaden gab
in den gezug, den in wart gegeben, daz zceychene und
ungewonliche wundirwerg geschagen durch ire hende.
sundir dy menye der stat wart also zuteilit, den etliche 4
dy waren veste by den Juden und dy anderen waren
mit den apostelen. abir *do* davan eyn gesturme wart 5
d⁵ heyden und der Juden mit iren vursten, uf das sy
dy apostele mit lasterworten schenten und sy steynten,
und do sy das irkanten, do vlugen sy zu den steten, 6
dy in Lycaonien lagen, zu Listram und zu Derben und
in alle daz lant, das darum lac, und da ewangelizirten
sy. und da was eyn man zu Lystris der saz crang an 7
synen vuzen und was hinkende van synr mut⁵ libe und
er enhatte ny gewandirt. und der horte Paulum reden, 8
und do in Paulus angesach und is irkante, das er den
gelouben hatte, uf das er selk gewurde, so sprach 9
Paulus mit grosir stimmen: irhebe dich und stant rechte
uf dynen vuzen. und er sprang uf und wandirte. sundir 10
do di schare daz irsagen, was Paulus getan hatte, do
irhuben dy van Lycaonien uf ire stimmen sprechende:
gote dy sint gelich wurden den luten [654ᵇ], dy sint
zu uns kumen. und des nanten sy Barnabam Jovem¹) und 11
Paulum Mercurium, den er was eyn vurer des²) wortis.
abir d⁵ pristir Jovis des gotis, der da was vor d⁵ stat, 12
der hatte ochsen und kronen vor dy tore des husis
gebrocht, als er in³) heilic opfir opferen wolde mit dem
volke. und do daz dy apostele Paulus und Barnabas 13
irhorten, do zurizzen sy ire rocke und sprungen undir
dy schare rufende und sprechende: ir manne, wonach 14

---

¹) Jouen.   ²) der.   ³) Verb. aus: im.

wellit ir das tun? den wir sint ouch sterbende luyte
gelich als ir sit und wir botschaften uch daz, das ir
uch bekerit van den ytelen dingen zu dem lebenden
gote, der da hat den hymel gemachit und dy erde, mer
15 und alle ding, dy in in sint. und der got hat in den
vorgegangen geburten daz vorhangen, das alle dy heyden
16 eyn iclicher mochte wanderen in syne wege, und doch
so inhat er sich selben nicht ane gezug darane gelasen,
er inhabe uch wol getan van dem himele zu gebene
dy regene und vruchtbere zite, und damite so irvult
17 er uch[1]) mit spyse und uwere herzen mit vrowde. und
dise wort sprechende so stilten sy doch kume dy schare,
18 davan daz sye in icht gotis opfir brechte. abir uf dy
ding so quamen etliche Juden van Antyochia und van
Yconio und do sy dye schare ubirlistigen mit iren
valschen rate, do steynten sy Paulum und zogen in
uz der stat, want sye wolden wenen [655ᵃ], daz er tot
19 were. abir do sine jungᵉe zu im quamen und in um-
stunden, do stunt er uf und gink mit in in dy stat,
und des nachvolgenden tages do wandirt er mit Barnaba
20 zu Derben. sundir do sye dˢ stat geewangelizirten und
hatten da vile lute gelart, do karten sye widir zu
21 Listram und zu Yconio und zu Antyochia und be-
stetigeten da dy selen irer jungere an dem gelouben
und hilden sye dazu mit irer manunge, daz sye stete
an dem gelouben bliben sprechende: den durch manch
enchstlich lyden muse wir kumen in daz riche der
22 himele. und donach da[2]) sye pristre gesatz hatten in
eyne icliche kirche und sye gebeten mit manchirleye
vasten, do bevulen si sye dem hˢren, an den sye ge-
23 loubten, und des wandirten sy durch Persydiam und
24 quamen in Pfamphiliam und reten da des hˢren wort
25 zu Pergen und wandirten nidir in Ytaliam. und von
dannen so vuren sy zu schiffe in Antyochiam, von dannen
26 sye waren geantwort der gnaden gotis in daz werk, daz
sy volbrochten. abir do sy dahin gequamen und die
kirche besamten, do kundigeten sy in, wie groze ding

---

1) ouch. 2) das.

got mit in getan hette, den er hette den heyden uf-
getan dy tor des gelouben. sundir da bliben sy nicht 27
eyne cleine zit mit den jungeren.

Das vumfzende capitil.   15

U nde des waren etliche nidirkumende von deme 1
[655ᵇ] judischen lande und dy larten die brudere
sprechende: is ensy denne das, daz ir umme-
besniten werdit nach Moysi sitte, so inmugit ir nicht
selik gewerden. und des inwart nicht eyne cleine zwey-
tracht¹) mit¹) eyme gesturme widir Paulum und Bar-
nabam und ouch Pauli und Barnabe widir sy, und des
wart is also gesatz, daz Paulus und Barnabas und
etliche andre uz den andren, dy die jungere larten,
solden ufstigen zu den apostelen und zu den pristeren,
dy da zu Jherusalem waren, ubir dise vrage, uf daz sy
davan entrichtit wurden. und des wurden si beleytit 3
van der kirchen²) und also durchwandirten sy Phenicem
und Samariam und kundigeten den das begencnisse dˢ
heydene, und damite so machten sy³) eyne groze vroude
alle den bruderen. abir do si zu Jherusalem gequamen, 4
do wurden sy van der samenunge dˢ geloubigen ent-
pfangen und van den apostelen und van den eldisten
botschaftende, wie groze ding got mit in getan hette.
sundir da stunden etliche uf, dy waren bekant und 5
waren geloubic wurden den uz der keczerie dˢ glisenere
sprechende: den man mus sy ummesniden und mus in
gebiten, daz sy Moyses e halden. und darum so quamen 6
dy apostele und dye eldisten des judischen landis zu-
samne um daz wort. abir do da- [656ᵃ] van eyn groz 7
vragen hie und da wart, do stunt Petrus uf und sprach
zu in: manne ir brudere, ir wissit is, daz got van al-
den tagen in uns hat irwelit, daz dy heyden durch
minen munt solden horen daz wort des ewangelii und
ouch gelouben. und got, dˢ dye herze irkennit, der gab 8
des eynen gezug in gebende den heiligen geist als uns,

---

¹) zweytrachtunc.   ²) kirchten.   ³) Am rande.

9 und er inhat ouch zwischen uns und in keyn undirscheit
gemachit. den er hat ire hercze puer und reyn ge-
10 machit mit dem gelouben. und darum wonach bekorit ir
got nu und wellit uf daz genicke dˢ jungere eyn joch
legen, daz noch unsere vetere noch ouch wir mochten
11 getragen? sundir wir gelouben des wˢlichen, daz wir
durch dy gnade unsers hˢren Jhesu Cristi also wol
selk sullen wˢden als gene, dy daz joch der e tragen.
12 sundir do sweyk alle dy samnunge des volkis und
horten Paulum und Barnabam davan reden, wie groze
zeychene und ungewonliche wunderwerk got durch sy
13 hette getan undir den heiden. und danach do sy alle
geswigen, do antworte Jacobus sprechende: manne ir
14 brudere, hort mich. Symon dˢ hat hi gekundiget, in
welchˢ wyse got alrest gewart hat zu den heyden und
wie er uz in eyn volk wolde nemen zu lobe syme
15 namen. und mit disme dinge tragen dˢ propheten wort
16 ubir eyn als da geschriben ist: nach disir zit so kum
ich widˢ und [656ᵇ] wil denne Davidis tabernakil
buwen, daz da gevallen ist, und sin gevelle wil ich
17 widir buen und ich wil is widir irheben, uf das ouch
andre luyte den hˢren suchen. und das wil ich tun,
spricht der hˢre, uf daz alle heyden mich suchen, ubir
18 dy myen name ist angerufen. den dem herren ist sin
19 werk van anegenge der werlde bekant. und darum so
urteil ich is als daz man dy mit unrue nicht muen
sulle, dy uz den heyden zu dem gelouben bekart
20 wˢden zcu gote. sundir daz man zu in schribe, daz sy
sich huten und abescheyden van der besmitzenden un-
vlat dˢ gestalt dˢ abgote und van unkuscheit, und daz
sy keyn vleisch enezzen des tyris, das irsteckit ist odir
van im selben irstirbit, und vor dem blute, daz ist daz
21 sy keyn ro vleysch in synem blute ezzen. den Moyses
dˢ hat van alden geziten in allen steten dy, dy in
predigen in den synagogen, in den an allen sunnabenden
22 syne buchere gelesen wˢden. und wart is behegelich den
apostelen und den eldisten mit alle dˢ kirchen, daz sy
welden etliche manne uzlesen, dy sy welden senden zu
Anthiochiam mit Paulo und mit Barnaba, und der waz

eynr Judas, der da gezunamit ist Barsabas, und ouch
Sylam, und dy waren ouch dy ersten manne undir den
bruderen, dy da schriben zu Anthiochiam durch ire 23
hende. und dis was dy schrift: dye apostele und die
eldisten den bru- [657ᵃ] deren, dy da sint uz den heyden
besamit zu Anthiochia und zu Syria und zu Cylicia,
heyl mit gruze. den wir han gehort, daz etliche van 24
uns uzgegangen sint, den wir is nicht bevolen noch
geboten hatten, und dy han uch betrubit mit etlichen
worten umkerende uwere selen. und darum so wart is 25
uns behegelich, do wir uns besamten in eyn, das wir
manne uz uns kysen wolden und zu uch senden mit
unseren liebesten Barnaba und Paulo, dy ire selen den 26
luyten in den tot geantwort haben durch den namen
unsirs hᵉren Jhesu Cristi. und darum so han wir zcu 27
uch Judam und Sylam gesant, und dy wᵉden uch ouch
dise selben ding mit iren worten kundigen. den das 28
hat den heiligen geyst beducht und ouch uns, das man
keyne burde me uf uch sulle legen den als ir habit.
und der ist noch, uf daz ir uch hutit und enezzit des 29
nicht, daz den gestalt der gote geopfirt wirt, und van
dem vorstecten blute und van unkuscheyt, und darane
tut ir wol, so ir uch van den dingen hutit. mugit wol.
und do die boten also gelasen wurden, do quamen sye 30
zu Anthiochiam, und do dye menye alle besamt wart,
do gaben sye dye epistele. und do si dye gelosen, do 31
wurden sy irvrowit van des trostis wegen. abir Judas 32
ouch und Sylas dy waren propheten, und darum so
trosten sye dye brudere mit manchirhande worte und
bestetigeten ouch sy an dem [657ᵇ] gelouben. und 33
danach do sye da etliche zit zugebrochten, do wurden
sy van den bruderen in vride gelasen zu den, dye sy
gesant hatten. sundir is was Syle behegelich, daz er 34
da blibe, und darum so wandirte Judas alleyne van
dannen zu Jherusalem. abir Paulus und Barnabas die 35
waren da stete blibende zu Anthiochia ewangelizirende
und lerende mit den anderen daz wort des hᵉren. abir 36
darnach nach etlichen tagen do sprach Paulus zu
Barnaba: kere wir widᵉ umme und warten zu unseren

bruderen durch alle dy stete, in den wir gepredigit
37 haben, wy sye sich gehaben. sundir Barnabas der wolde
ouch do mit im nemen Johannem, d⁵ ouch Marcus ge-
38 zunamit ist. abir Paulus d⁵ bat in, daz er is lise, den
so er sich van in gescheiden hette von Pamphilien
und inwer nicht mit in an das werk gegangen, daz sie
39 in darum nicht widir zu in solden enphan. sundir davan
so wart zwischen in eyne zweytracht, also daz sie sich
van den andren schiden, und Barnabas nam an sich
40 Marcum und vur ubir zu schiffe in den Cypir. abir
Paulus d⁵ irwelte zu im Sylam und wart van den
41 bruderen geantwort d⁵ gnade gotis. und des umwandirte
er alle Syriam und Cyliciam und bestetigete dy kirche ¹)
in gebitende, daz sy ²) d⁵ apostele gebot bewaren solden
16, 1 und ouch der eldisten. und des quam er vort zcu Derben
und zu Lystram in dy stete.

[658ᵃ] Dis ist das sechzende capitil.

Unde sich, da was eyn jung⁵, der was Tymotheus
mit syme namen genant, eynir geloubigen witwen
2   son, ab⁵ der vatir was eyn heide. und deme gaben
alle dy brudere guten gezuk, dy da waren zu Lystris
3 und zu Yconie. und das wolde Paulus, daz der solde
mit im wanderen, und do er in an sich genam, do
besneit er in durch d⁵ Juden willen, dy in den steten
waren. den sy wusten daz alle, das syn vatir eyn heyde
4 was. abir do sy dy stete durchwanderten, do gaben sy
in dy lere zu bewaren, dy da van den apostelen und
5 van den eldisten zu Jherusalem uzgegeben was. und dy
kirchen wurden alle bestetigit in dem gelouben und
6 namen alle tage grozlichen zu an d⁵ zal. abir do sy
vort wandirten durch Frigiam und durch daz lant zu
Galacyan, do wart is in van dem heiligen geyste vor-
boten, daz sy das wort der lere icht solden reden in
7 Asya. sund⁵ do sy quamen in Misyam das lant, do vor-
suchten sy sich und wolden wanderen in Bythiniam,

---

¹) kirchte.   ²) Am rande.

und des instate in ouch Jhesu geyst nicht. abir do sy 8
Misyam vorwanderten, do wandirten sy nydir zu Troa-
dem in dy stat, und do wart eyn gesichte in d⁵ nachte 9
Paulo bezeygit. den eyn man van Macedonien d⁵ was ¹)
by im stende ²) und vlehelichen bittende und sprach:
wandere van hinnen [658ᵇ] in Macedoniam daz lant
und hilf uns. abir do er das gesichte gesach, alsobalde 10
do suchte wir wege, wi wir zu Macedoniam mochten
gewanderen, und waren des gewis wurden, daz uns der
h⁵re geladen hette, uf das wir in dy warheit predigen
solden. abir do wir zu schiffe van Troade gevuren, do 11
quame wir in rechteme loufe zu Samathrachiam und
des nachvolgenden tagis do quame wir zu Neapolim
und van dannen zu Philippis und danach in dy stat 12
Colonia, dy da in dem ersten teile des landis Macedonia
liet. sundir wir waren in d⁵ stat etlich tage zusamne
vile wort redende. abir danach an dem sunnabende do 13
ginge wir uzwendig dy pforte by eyn vliez, und da
bewiste sich is, als ob da eyne stat des gebetis were,
und da sitzende rette wir widir dy wibe, dy da zu-
samne waren kumen. und da was eyn wib, d⁵ name was 14
Lydda genant, und dy machte purperin gewant d⁵ stat
Tyathirenorum und dy was got anbetende und dy horte
sine rede, und d⁵ hercze offente got also, daz sy dy
wort begunde merken, dy da van Paulo gesprochen
wurden. abir do dy getoufit wart und daz gesinde iris 15
husis, do bat sy sy sprechende: und ist is daz ir mich
also richtit, das ich w⁵lichen an den h⁵ren geloube, so
get in myn huys und blibit da zu mir. und damite so
twank sy uns. und do ³) geschach is, das wir zu unserme 16
gebete [659ᵃ] gingen, do begegente uns eyn jungis wib,
dy hatte in ir eynen geyst des valschen warsagendis,
und dy gab iren h⁵ren also grozen geniez van des
tuvels craft warsagende und dy volgete Paulo und uns 17
und rief sprechende: dise lute sint des hoesten gotis
knechte, den sy botschaften uch den wek des heylis.
und das tet sy in vile tagen. abir is was Paulo leyde, 18

---

¹) vas.   ²) sthende, h getilgt.   ³) da do.

und er karte sich um und sprach zu dem geiste: ich
gebite dir in dem namen Jhesu Cristi uzzugen van ir.
19 und er ging uz van ir an der selben stunde. abir do
daz ire h^{s}ren irsagen, daz dy hoffenunge iris genisis
damite in abegegangen was, do begriffen sy Paulum
und Sylam und vurten si uf den markit zu den vursten
20 und antworten sy d^s meyst^{s}schaft d^s stat und sprachen:
dise lute betruben unsere stat, want sy sint Juden und
21 kundigen uns eynen sytten, d^s uns nicht irloubit ist
zu nemen und des wir ouch nicht tun insullen, so wir
22 Romere sin. und des^1) lief daz gemeyne volk zu-
samne widir sy und ouch dy meysterschaft d^s stat, und
do sy in ire rocke zurissen, do geboten sy, daz
23 man sy mit gerten slahen solde. und do sy in vile
slege gegaben, do saczten sy sye in eynen kerker ge-
bitende dem hutmanne, daz er irer wol mit vlize hute.
24 und do er daz mit gebot van in genam, do satzte er
sy in den inrsten kerker und vesserte ire vuze in eyn
25 holtz. sundir do sy [659^b] zu d^s mitternacht betende
got lobeten, Paulus und Sylas, und do sy dy irhorten,
26 dy da in d^s hute waren, do wart balde eyne groze
ertbibunge, also daz dy fundament des kerkers bewegit
wurden, und do vollensnellen wurden alle dy ture ge-
offent und alle der luyte bant wurden gelosit, dy da
27 gevangen waren. abir do davan der hutman des kerkers
irwachte und irsach dy ture des kerkers geoffent, do
zoug er balde sin swert uz der scheyden und wolde
sich selben toten, den er wolde wenen, daz dy gevangenen
28 entpflogen weren. sundir do rief Paulus mit grozer
stimme sprechende: tu dir nichtisnicht arges, den wir
29 syn noch alle hy. und do er eyn liecht geheischte, do
ging er zu im in den kerker und wart bibende und
30 vil Paulo und Syle zu vuze und vurte sy uz vur dy
tur und sprach: sagit mir, myne h^{s}ren, was mus ich
31 tun, uf daz ich selik werde? und do sprachen sy zu
im: geloube in den h^{s}ren Jhesum, so wirstu selk und
32 ouch alle din huys. und do reten sy widir in das wort

---

^{1}) daz.

des h⁵ren und ouch widir¹) alle dy, ·dy in syme huse
waren. und des nam²) sy der mensche in d⁵ selben 33
stunde d⁵ nacht und wusch in ire vuze.³) und do al-
zuhant wart er getouft und alle synis husis gesinde.
und do er sy in sin hus gebrochte, do satzte er in den 34
tisch und er wart vrolich mit alle sy- [660ᵃ] me huse
gote geloubende. und do is tag gewart, do sante dy 35
meist⁵schaft der stat ire boten, dy dy lute pflagen zu
toden, sprechende: laz dise lute vri. sundir d⁵ hutman 36
des kerkers botschafte dise wort Paulo sprechende: dy
meist⁵schaft dy hat ergesant, daz man uch vri lasen
sulle, und darum so kumt uz und get in vride. abir 37
do sprach Paulus zu in: wir sint romische lute und
enhaben nymande schaden getan und waren unvorurteilt,
und danach do sy uns offenberlichen geslaen lisen, do
satzten sy uns in den kerker und nu lasen sy uns
heymelichen uz. neyn nicht also. sundir sy sullen selben
kumen und sullen uns uzlasen vri. abir do dy dinere 38
des todis d⁵ meystirschaft dise wort gebotschaften, do
vorchten sy sich, do sy daz irhorten, das sy Romere
waren, und quamen zu in und baten sy beleytende, uf 39
daz sy uz der stat vri gingen. abir do sy uz dem 40
kerker gequamen, do wanderten sy van dannen und
quamen zu Lyddiam, und do sy dy brudere gesagen
und sy getrosten, do wandirten sy vortan.

Diz ist das sibenzende capitil.   17

A bir do sy durchwandirten dy stete Amphipolym 1
und Appoloniam, do quamen sy zu Tessalonicam,
und da was eyne synagoge d⁵ Juden. sundir Paulus 2
d⁵ tet nach synr gewonheit und ging zu in in dy syna-
goge, und durch drie sunnaben- [660ᵇ] de ret er mit
in sy entscheydende uz den schriften. und er offente in 3
das und machte sy daz irkennen, daz Cristus moste
liden und danach widir irsten van dem tode, und sprach
ouch: dis ist d⁵ Jhesus Cristus, den ich uch botschafte.

---

¹) Davor, aber getilgt: al. ²) Am rande. ³) Vulg.: plagas!

4 und do geloubten etliche uz in und geselten sich zu
   Paulo und zu Syla und van den dineren d⁵ gote und
   van den heydenen eyne gewaldige lut und etliche edele
5 wibe und d⁵ inwas nicht wenig. und des wurden dy
   Juden grimmig und namen uz der gemeyne etliche bose
   lute ¹) und machten uz den eyne schare und reysten
   alle dy stat zu zweytracht und des bewisten sy iren
   vrevel an Jasonis huse und wolden sy daruz nemen
   und suchten, wi sy dy apostele dem volke vorgebrechten.
6 abir do si irer nicht invunden, do zugen sy Jasonem
   und etliche andre brudere zu den vursten d⁵ stat rufende:
   sich, Jason d⁵ hat dy lute zu im ingenumen, dy alle
7 dy werlt bewegen und irgremen, und dazu sint sy ouch
   herkumen, und dise lute dy tun alle widir dy satzunge
   des keysers, den sy machen eynen vremden kunig
8 sprechende, daz eyn Jhesus sy. und damite so wart das
   gemeyne volk d⁵ stat und ouch dy vursten sere ge-
9 reysit, do sy dise wort horten, und doch do sy eyne
   besserunge van Jasone und van den andren genumen,
10 do lisen sy sy vrie. abir alsobalde als is nacht ge-
   wart, do schicten dy brudere Paulum und Sylam [661ª]
   wek und lisen sy, und sy quamen zu Beroam. und do
   sy dahin gequamen, do gingen sy in d⁵ Juden synagoge.
11 und dy waren edilre Juden den dy, die da zu Tessa-
   lonicam wonten. und dy enphingen daz wort zu in mit
   allir gitzikeit und durchvuren alle tage dy schrifte, ob
12 sich dise ding also gehetten. und irer vile wurden ge-
   loubic uz in und vile heyden und erberer wibe und
13 d⁵ manne nicht wenig. sundir do daz dy Juden zu Tessa-
   lonica irkanten, daz das wort des h⁵ren ouch zu Beroe
   gepredigit was, do quamen sy ouch dahin und bewegeten
14 und betrubeten die menye des volkis. sundir dy brudere
   lysen Paulum vollenbalde van in, uf daz er wandirte
   zu dem mere, abir Sylas und Tymotheus dy bliben da.
15 abir dy brudere, dy Paulum beleiten, dy brochten in
   untz zu Athenas in dy stat und des namen sy das
   gebot van im zu Syla und zu Tymotheo, daz sy zu im

---

¹) Am rande.

solden kumen so sy snellist mochten. und sy wandirten
zu im. sundir do irer Paulus zu Athenis beite, do wart 16
syn geyst in im irwackit und zu mue gereysit, den er
sach, daz dy stat den abgoten und irme dinste und⁵tan
was. und darum so disputirte er in d⁵ synagogen mit 17
den Juden und mit den, dy da nicht eynen got ane-
beten, uf dem markte alle tage und rete ouch zu den,
dy in gehort hatten. abir do waren etliche uz d⁵ 18
samnunge, dy Epycuri und Stoyci waren ge- [661ᵇ]
nant, und ouch dy philosophi dy reten mit im tyfe van
d⁵ schrift. ab⁵ etliche dy sprachen da: und was wil
diser seher d⁵ wort sprechen ¹)? sundir dy andiren
sprachen: disir bewisit sich, als er kundigen welle
nuwe tuvele, den er gebotschaft in Jhesum und dy
ufirstende d⁵ toten. und do sy in begriffen, do vurten 19
sy in vor den hoesten, d⁵ ubir sy alle in d⁵ schule
was, sprechende: und muge w⁵ des icht wissen, welche
dise nuwe lere ist, dy van dir gesprochen w⁵t? den du 20
brengis nue ding zu unseren oren, und darum so welle
wir wissen, was dise ding wellen meynen. want alle 21
dy Athenienses, dy da wonten, und ouch alle dy zu-
kumenden geste dy inwaren andirs zu nichte vorvlizzen,
den daz sy etwas nues sagen wellen odir horen. sundir 22
do stunt Paulus mittene in d⁵ samnunge der meistre
und sprach: ir manne van Athenis, ich sehe uch an
allen dingen als unnutze lute, den ich han vor uch 23
gegangen und han gesehen uwere gote, den ir ere ir-
bitit, und vant da eynen altir, da was angeschriben:
dem umbekanten gote. und darum so kundige ich uch
daz, das ir unwissende mit uwerme dinste anebetit.
den got, d⁵ dy werlt gemachit hat und alle ding, dy in 24
ir sint, und der, so er ist eyn herre d⁵ hymele und d⁵
erden, so enwonit er doch in den templen nicht, dy
mit menschenhenden [662ᵃ] gebuwit sint, und ouch so 25
indinit man im nicht mit menschlichen henden, den er
enbedarf keynis dingis, den er gibit allen creaturen, dy
leben haben, daz leben ²) und das edmen, und alle ding

---

¹) spechen.   ²) lebem.

26 vorliet er. und ouch so hat er uz eynem menschen
alle menschlich adil gemachit und let daz wonen allen
enden uf dem antlitze des ganczen ertrichis, und er
hat ouch allen dingen ire gesatzte zit entrichtit und
27 rechte ende irer wonunge, uf daz sy den h'ren suchten,
ob sy in lichte mochten begrifen odir ouch vinden,
alleyne daz er doch nicht verre van unsir eym iclichen
28 ist. den in im so lebe wir und w'den bewegit und
syn ouch in im, als ouch etliche uz uweren¹) poeten
29 sprachen: den wir sin ouch van syme adele. und darum
so wir eyn nachvolgende adil gotis sin, so insulle wir
des nicht wenen, daz dy gotlichen ding gelich sin golde
odir silbere odir dem uzgrabende des steynis²) odir ouch
30 den gedanken des menschen. und vorwar got d' hat dy
zite disis unwissendis vorsmehit und botschaft nu den
31 luten, uf daz sy allen enden buze anegen, um daz so
er den tag gesatzt hat, in dem er daz ganze schibe-
lechte ertriche richten wil in gerechtikeyt in dem
manne, in dem er allen luten iren gelouben gesatzt hat
32 in irweckende von dem tode. sundir do sy dy ufirstende
[662ᵇ] der toden irhorten, do belachten in etliche. abir
etliche undir in dy sprachen: wir wellen dich davan
33 abir eyns horen. und also entquam Paulus uz irem
34 mittele. abir etliche manne dy hilden sich an in und
geloubten, und undir den was Dyonisius, d' meystere
eyn, und daz wib, des name Damaris was genant, und
etliche andere ouch mit in.

18   Dis ist das achzende capitil.

1 ┳┳nd danach do wandirte er uz van Athenis und
2 ┃┃ quam zu Chorinto, und da vant er eynen Juden,
des name was Aquila genant, und der hatte sin
adel gezogen von Pontico und der was nuelichen van
Ytalia gekumen, unde Priscillam sine husvrowe. und
daz was darum, den Claudius d' keiser hatte geboten,
daz dy Juden alle solden van Rome wychen. und zu

_____

¹) vnseren.   ²) Vulg.: lapidi, sculpturae artis!

den quam er und um daz so er d⁵ selben kunst was 3
als sy so bleib er da by in und wurchte sine erbeyt,
den sy waren d⁵ kunst, daz sy gezelt kunden machen.
und da disputirte Paulus alle sunnabende in d⁵ syna- 4
gogen und satzte ummer zwischen syne rede den namen
Jhesu Cristi und damite so gab er synen rat beyde
den Juden und ouch den Krichen. abir do Sylas und 5
Tymotheus van Macedonia gequamen, do vertigete
Paulus dy Juden an mit synen worten in den gezuk
gebende, daz Jhesus Cristus were¹). abir do sy da 6
widir sprachen und Cristum honten mit lastere, do
schute er syne cleidere und sprach zu in: uwir blut²)
daz [663ª] sy uf uwer houbit, sundir ich wil reyn da-
van zu den heydenen gen. und do wandirte er van 7
dannen, do ging er in eynis gerechten mannis huys,
des name was Tytus genant, und d⁵ dinte gote und
des hus stunt allirnehist d⁵ synagogen. sundir Crispus 8
der synagogenvurste geloubete dem h⁵ren mit alle syme
huse, und der lute vile van Chorinto do sy in gehorten,
do wurden si geloubic³) und wurden getoufit. abir 9
der herre sprach des nachtis in eyme gesichte zu Paulo:
invorchte dich nicht, sundir rede kunlichen und inswik
mit nichte. und nymant sal dazu kumen, daz er dir 10
schade, den mir ist vile volkis in disir stat zukumende.
und darum so saz er da eyn jar und sechs mande 11
lerende by in das wort gotis. sundir dy Juden irhuben 12
sich alle mit eyme gemute an Gallionem den pfleger
des landis zu Achayam widir Paulum und vurten⁴) in
vor den richtestul sprechende: disir mensche gibit den 13
luten den rat, daz sy widir dy Rom⁵e⁵) an eynen got
gelouben sullen. abir do Paulus begunde ufzutun synen 14
munt, do sprach Gallio zu den Juden: o ir judischen
manne, wer hy an dysen menschen keyn ungerecht odir
keyne lestirliche sunde, so weld ich uwere clage hy
liden und uch helfen. sundir sint is vrage van dem 15
worte d⁵ lere odir van den namen uwere e, daz beschit

---

¹) vere.   ²) vbirluet.   ³) geloubit.   ⁴) wurten.   ⁵) Am
rande.

uch selben, den ich inwil d⁵ wort nicht eyn richter syn.
16 und damite so treib er sy van d⁵ stat synis [663ᵇ]
17 gerichtis. sundir sy begriffen Sostenen den vursten d⁵
synagogen und slugen in vor dem stule des gerichtes,
18 und do inleite Gallio keine ruche an. abir do Paulus
nach dem da vile tage sich enthilt, do gesegente er
dy brudere und vur zu schiffe in Syriam und mit im
Priscilla und ouch Aquila, und d⁵ hatte im das houbit
zu Chenkirs beschorn, den er hatte des eyn gelubde
19 getan. und damite quam er zu Epheso und liez sy
alda, Priscillam und Aquilam. sundir er ging in dy
20 synagoge und disputirte mit den Juden. abir do sy in
da baten, daz er lengere zit mit in blibe, do inwold er
21 in darane nicht gevolgic sin. sundir er gesegente sye
und sprach: ich kume abir eynis zu uch, so is got wil,
22 und damite so wanderte er van Epheso. und do quam
er nydir zu Cesaream und steig da uf und gruste dy
kirche und vur dannen nydir und quam zu Antyochiam.
23 und do er da etliche zit zugehilt, do durchwandirte er
daz lant Galathiam nach dem ordene, als is gelegen
was, und ouch Frigiam das lant bestetigende alle dy
24 jungere. abir is geschach das eyn judisch man, des
name was Apollo, quam zu Epheso, und der was van
synis adils wegen van Alexandrien d⁵ stat, und d⁵ was
25 gespreche und ser gewaldig in den schriften und der
was gelart den wek des herren und das er rete, das
was uz eyme burnenden geyste. und er larte mit vlize
dy ding, dy [664ᵃ] Jhesu zugehorten. abir in im was keyne
26 toufe andirs bekant den Johannis toufe, und d⁵ begunde
kunlichen zu tun in d⁵ synagogen. und do den Priscilla
und Aquila irhorten, do namen sy in an sich und
leyten im uz den wek des h⁵ren mit grozem vlize.
27 sundir do er wolde wanderen zu Achaiam, uf das er
dy brudere mit synr manunge troste, do schriben sy
vor in den jungeren, uf das sy in minniclichen enphingen.
abir do er dahin quam, do tet er den groze hulfe, dy
28 da geloubic waren wurden. den er ubirwant dy Juden
mit grosir snellikeit in bewisende durch dy schrifte,
daz Cristus Jhesus were.

Diz ist das nunzehende capitil.

Abir is geschah do Apollo was zu Chorinthio, das 1
ouch Paulus umgewandirt hatte dy obirsten teyl
dˢ lande und quam widir zu Epheso und vant da
etliche uz den jungeren, und zu den sprach er: und ob 2
ir geloubende habit den heiligen geist genumen? und
do sprachen sy zu im: noch wir inhaben ouch gehort,
ob dˢ heilige geist sy. abir do sprach er: in weme sit 3
ir denne getoufit? und sy sprachen: in Johannis toufe.
sundir do sprach Paulus: Johannes dˢ toufte daz volk 4
in dˢ toufe dˢ buze sprechende: in dem, dˢ nach mir
kumende ist, das sy geloubic ¹) wurden, und daz was
in Jhesum. und do sy dise wort gehorten, do wurden 5
sy getoufit in dem namen Jhesu des herren [664ᵇ]
und do er dy hende uf sy geleyte Paulus, do quam dˢ 6
heilige geist uf sy, und sy reten in viler zungen und
prophetirten. abir dˢ manne alle waren volnach zwelve. 7
sundir do ging er in dy synagoge mit kunheit und rete 8
da durch dri mande disputirende und in zuratende dy
ding, dy dem riche gotis zugehorten. sundir do da 9
etliche vorhertit waren, also das sy nicht gelouben
wolden, und waren vorvluchende den wek des hˢren
vor alle dˢ gemeynen trucht, do weych er van in und
sundirte sich van den jungeren und disputirte alle
tage in dˢ schule eynis geweldigers. und daz geschach 10
zwey jar umme, also daz alle dy, di da wonten in
Asya, daz wort des herren horten beyde Juden und
ouch dy heidene. und got dˢ wurchte syne ycliche 11
tugentliche craft durch Pauli hant, also das sy darubir 12
syne sweystuchere odir syn andir gewete nomen und
leyten sy uf dy sochenden, und sy vlouch dy suche
van in, unde ouch dy schalkaften geiste dy vuren uz
von den luten. abir etliche van den umkumenden Juden 13
dy waren exortisten, also daz sy dy tuvele besweren
mochten, und dy vorsuchten des ouch, das sy anrufen
wolden den namen des hˢren Jhesu Cristi ubir dy, di

---

¹) geloubit.

dy bosen geiste in in hatten, sprechende: ich beswere
uch in dem namen des herren Jhesu, den Paulus
14 predigit. sundir da waren etliche und der waren siben
sone Sceve des Juden, d⁵ eyn pristir der Juden was,
15 und dy teten alsulche ding. [665ᵃ] abir do antworte
d⁵ schalchafte geist und sprach zu in: Jhesum han ich
irkant¹), und van Paulo weyz ich²), w⁵ Paulus ist,
16 abir van wanne siet ir? und des vur d⁵ mensche mit
grimme in sy, in dem d⁵ tuvel was, und wart irer
beydir herre und nam ubirhant ubʼ sy, also daz sy
17 nackt und gewundit kume enpflugen uz dem huse. und
das geschichte wart alle den Juden und den heyden
bekant, dy zu Epheso wonten, und des vyl groze vorchte
ubir sy, und sy erberten grozlichen des herren Jhesu
18 namen. und ouch so quamen d⁵ geloubigen vile und
19 bekanten da und kundigeten Pauli tat und ouch d⁵ vile,
dy da hubscher dinge und virwitziger lere waren ge-
wonit, dye brachten ire³) buchere dahin und vorbranten
sy da vor allen luten, und do sy iren wert gereyten,
do vunden sy, das sy vumftusent⁴) phenninge w⁵t waren.
20 also sterclichen wuchs des hʼren wort und wart be-
21 stetigit. und do dise ding also vollenbracht wurden, do
satzte im Paulus vor in syme geyste, daz er welde
wanderen zu Jherusalem, so er durch Macedoniam und
durch Achayam gequeme, sprechende: so ich denne
22 dahin gekume, so mus ich Rome besehen. und des
sant er vor sich zwene uz sinen dineren, Tymotheum
und Erastum, und er bleyb selben zu eynr zit in Asya.
23 abir an dem tage do irhub sich nicht eyne cleyne be-
24 trubnisse van dem wege des hʼren. den da⁵) was eynr,
d⁵ pflag van silbere zu wirken, d⁵ was Demetrius genant,
[665ᵇ] den er machte silberine husere Dyanen d⁵
gotinnen. und der selbe gab den anderen wergluten
25 nicht eynen cleinen gewin, und dy lut er zusamne und
ouch dy anderen, dy ouch des selben gewurchtis waren,
und sprach⁶) zu in: manne wyssit is, das wir van d⁵

---

¹) irhāt.   ²) is.   ³) Verb. aus: dire.   ⁴) Vulg.: quinqua-
ginta millium.   ⁵) das.   ⁶) sprachen.

kunst unseren gewin haben. und nu set ir is und horit 26
is, daz Paulus nicht alleyne zu Epheso, sundir volnach
also wiet als Asya ist mit syme rate vile schare ab-
wendit sprechende, das dye nicht gote sint, dy mit
menschenhenden gemachit w⁵den. unde damite vorget 27
unsir teil des gewinnis alleyne nicht, den unser werc
kumit in eyne strafunge, sundir ouch d⁵ tempil d⁵ grozen
Dyanen wirt¹) vor nicht geachtit und d⁵ mugenikeit
w⁵t zustorit, dy alle Asya anebetit und ouch dy werlt²).
und do sy dise ding irhorten, do wurden sy mit zorne 28
irvullit und rifen sprechende: groz ist Dyana dy gotinne
d⁵ van Epheso. und davan wart dy stat mit sturme ir- 29
vullit, und des irhuben sy sich mit sturme und lifen in
das gemeyne hus d⁵ burgere, do sy Gayum und Ari-
starkum begriffen, dy da van Macedonia waren und
hatten sich zu Paulo gesellit. und do Paulus undir daz 30
volk wolde sin gegangen, do inwolden is im dy jungere
nicht gestaten. abir do waren ouch etliche vursten van 31
Asya dy baten in, das er sich icht undir *das* volk
gebe [666ᵃ] in daz gemeyne huys. sundir etliche andre 32
dy rifen andirs, und dy samnunge was vol sturmis, und
d⁵ was vile, dy des nicht wusten, um welche sache das
sy dahin weren kumen. abir dy Juden dy triben etliche 33
van dannen, und also wart Alexander uz d⁵ schar des
volkis gezogen, und da d⁵ Alexandir mit synr hant
eyns swigendis begerte, do wold er dem volke rechen-
schaft d⁵ sache geben. abir do sy daz irkanten, das er 34
eyn Jude was, da wart da eyne stimme irer allir rufen
als zweyer stunden lang: groz ist Dyana dy gotinne
d' Ephesiorum. und do d⁵ schriber daz volk gestillete 35
d⁵ schar, do sprach er: ir manne van Epheso, und wer
ist d⁵ undir allen luten, d⁵ des nicht inweyz, das Ephesum
dy stat ist eyne gewaldige dinerinne d' grosen Dyanen
und Jovis kindis? und darum so dawidir nymant ge- 36
sprechen mac, so musit ir damite zu vride gesazt sin
und vortme keynen vrevel begen. den ir habit dise lute 37
ergevurt, dy uwerer heylikeyt an keynen dingen ge-

---

¹) virt.   ²) welrt.

schat haben noch sy inhaben ouch uwere gotinne nicht
38 mit hone gelastirt. und ist is denne, das Demetrius und
dy werkmeistere, dy hi mit im sint, widir ymande sache
zu richten habe, so helt man doch alle tage ding, da
man allen kriec richtet. und ouch so sint da ratlute,
39 vor den sy sich beclagen mugen. abir ist is das ir [666ª]
andirs keyn ding zu entrichtende habit, das mac man
40 in redelicher samnunge entscheyden. den wir wˢden be-
notigit in disir hutigen zweitracht, so hy doch nymant
schuldic ist, van dem wir rede mugen gegeben, durch
des willen disir zulouf sy geschen. und do er daz
gesagt[1] *hatte*, do lies er dy samnunge dˢ lute vrie.

20   Diz ist das zwenzigiste capitil.

1   A bir nachdem do das gesturme gelegert wart, do
lut Paulus dy jungere zu im und larte sy manende
und gesegente sy und wanderte van dannen, uf
2 daz er queme zu Macedoniam. abir do er dy teil des
landis ubirwandirte und sy da gelart hatte in manchir
3 rede, do wandirte er vort zu Krichen. und do er da
dri mande gewas, do wurden im lagen des todis geleyt
van den Juden in dem als er ubir zu schiffe solde
varen in Syriam, und des nam er den rat, daz er
4 widirkarte in Macedoniam. abir do geselten sich zu im
Sosipater Pyrri sun, der eyn Bernensis was, und van
Thessalonicam abir Tyticus und Trophinus, dy waren
5 van Asya. und do si vor uns gewanderten, do beyten
6 sy unsir zu Troade. abir wir vuren in nach zu schiffe
nach den tagen, als man das brot ane suren teyg yzzit,
van Philippis und quamen zu in zu Troade in vumf
7 tagen und bliben da mit in siben tage. abir do wir an
eyme sunnabende gequamen zu brechende unsir brot,
do disputirte Paulus mit in. [667ª] und do er van
dannen des morgens wolde wanderen, do zouch er dy
8 rede untz zu mittirnacht. abir da waren vile lampen
9 in dem mushuse, da wˢ inne besamt waren. sundir da

---

1) gesach; Vulg.: dixisset!

was eyn jungelinc sitzende uf eynem venstre, und des
namen was Euchitus[1]) genant, und do er vortufic wart
van swerme slafe, den Paulus disputirte lange, do wart
er van dem slafe vorleytit und viel van dem dritten
mushuse zurucke abe und er wart van dannen tot ge-
tragen. und do Paulus zu im nidir gequam, do leyte 10
er sich uf in und umving in sprechende: ir insullit
uch nicht betruben, den sine sele dy ist noch in im.
und do steyg er uf und brach brot und smacte sin, 11
und also ret er vort mit in untz an daz liecht und
wandirte do van dannen. und do wart das kint widir 12
lebende gebrocht, und des inwurden si nicht wenik
getrost. abir wir stigen zu schiffe und vuren zu Masson 13
und wolden da Paulum haben enphangen, den er hat
is also vor entscheiden, daz er sinen wek ubir lant
wolde gemachit haben. abir do er uns zu Masson gevant, 14
do name wir in unde quamen mit in zu Mitilenem. und 15
van dannen vur wir zu schiffe an dem nachvolgenden
tage und quamen zu Contrachium[2]) und des anderen
tagis hilde w^s zu zu Samin, und danach an dem anderen
tage do quame wir zu Mileto. sundir Paulus hat im 16
vorgesatzt, daz er welde in eyme schiffe varen zu
Epheso, uf daz er key- [667^b] ne zit durfte bliben in
Asya. den er ylte darum, den wer is im mugelich
gewesit, so wolde er den pfingthstag gerne zu Jherusalem
gehalden haben. sundir er sante van Mileto zu Epheso 17
und lut da zu im dy grosten d^s geburt, dy da in der
kirchen waren, und do dy zu im quamen und da mit 18
im waren, do sprach er zu in: ir wissit das, wi ich
van dem ersten tage, als ich in Asya quam, mit uch bin
gewesit dinende dem h^{s}ren mit allir demut und mit 19
senftmutikeit und in trenen und mit manchir vor-
suchunge[3]), dy ub^s mich gevallen sint van den bosen
lagen, dy mir dy Juden leyten; und ouch wi ich uch 20
keyn nutze ding entzogen habe, ich enweld uch alle
ding volkundigen und ich wolde uch offenbar leren.

---

[1]) Vulg.: Eutychus. [2]) Vulg.: contra Chium. [3]) Davor:
becorunge.

21 und zu iren huseren gab ich myne gezuk den heyden
und ouch den Juden, daz sy in gote solden buse vinden
und den gelouben in unserme herren Jhesu Cristo.
22 und nu sed, ich ge mit eyme gebundenen geiste zu
Jherusalem unwissende dˢ dinge, dy mir da zukumende
23 sint. den dˢ heylige geyst bezugit mir das durch alle
stete sprechende, den mir bliben zu Jherusalem bande
24 und manchirleyde ungemach. sundir ich inschuwe alle
dˢ dinge nicht noch ich inmache ouch myne sele nicht ¹)
turer denne mich, sundir des begere ich, das ich mynen
louf volbrenge und den dinst mynis wortis, das ich
van dem hˢren habe genumen [668ᵃ] zu gezugende dˢ
25 gnaden gotis. und seth, nu weys ich is wol, daz ir
vortme myn antlitz nicht wˢdit sehen ir alle, durch dy
26 ich gewandirt habe predigende das riche gotis. und
darum so nem ich uch allen hute zu gezuge, das ich
27 van uwerer alle blute reyne bin. den ich inhan des nicht
gevlogen, ich inwelde uch vollenkumlichen kundigen
28 den rat gotis. und darum so set uch vor und al uwerer
hert, ubir dy uch dˢ heilige geist gesatzt hat zu
bischoven ²), also das ir dy kirche gotis vorsten sullit,
29 dy er gewunnen hat mit sinem blute. den mir ist das
bekant, daz nach myme abscheiden ³) in uch vresige
wolve wˢden kumen, dy der hert nicht schonen wˢden.
30 und uz uch selben so wˢden sich etliche manne irheben,
dy da vorkarte ding werden reden, uf daz sy etliche
31 jungere nach in geleyten mugen. und darum so wachit
und behaldit is in uwerme gedechtnisse, daz ich in
drin jaren noch tag noch nacht ny abegelasen habe, ich
inhabe eynen iclichen undir uch mit minr lere ⁴) ge-
32 manit. abir nu so bevele ich uch gote und dem worte
synr gnade, den dˢ ist gewaldic, das er sin erbe buwen
mac und is geben allen den, dy in im geheyligit sint.
33 sundˢ ich inhabe nymandis golt noch silbˢ odir synr
34 cleidere begert, als ir is selben wol wissit. den zu den
dingen, dˢ mir noth was und den, dy mit mir waren

---

¹) Am rande.   ²) beschowen.   ³) abschenden.   ⁴) Vulg.:
lacrymis!

und sint, so haben mir dise [668ᵇ] hende gedinit. alle 35
ding han ich uch bewisit und ouch, das man also
erbeytende mus enphaen dy cranken und damite mus
man des hᶜren Jhesu wort gedenken: is ist me selger
daz man gebe, den das man neme. und do er dise 36
wort gesprach, do satzt er sine knye nidir und bete
mit in allen. sundir da wart eyn groz weynen van in 37
allen, und sy vilen an Pauli hals und kusten in und
wurden in dem worte sere gemuit¹), das er gesprochen 38
hatte, daz *sy* syn antlitz vortme nicht sehen solden.
und damite so beleyten sy in zu dem schiffe.

Diz ist das einundezwenzigiste capitil.   21

Sundir is geschach do wir zu schiffe sygilten und in 1
entzugen wurden, do quame wir in rechtme loufe
zu Choum und an dem andren tage danach zu
Rodum und do van dannen zu Patheram und danach
zu Yram. und do wir da eyn schif gevunden, das wold 2
ubirvaren in Phenicem, do satzt wir uns darin und
vuren ubir. abir do wir uns dem Cypre bewisten, do 3
lise wir in zu dᶜ linken hant und vuren in Syriam und
quamen zu Tyro, und da solde das schif syne last
abelegen. abir do wir da jungᶜe vunden, do blibe wir 4
da siben tage. und dy sageten Paulo durch den geyst,
das er mit nichte ufwanderen solde kegen Jherusalem.
abir do dy tage irvullit wurden und wir wanderende 5
gingen, do beleyten sy uns alle mit den husvrowen
und mit iren sunen bes uzwendig vor dy stat, [669ᵃ]
und da satzte wir unsere knye uf daz ubir und beten.
und do wir uns mittenandren gesegenten, do stige wir 6
zu schiffe, und sy wanten sich widir in ire husere.
abir do wir unsere schiffart volbrachten, do quame wir 7
nydir von Tyro zu Ptolomaidam, und do wir da dy
brudere gegruzten, do blibe wir da eynen tag by in.
abir des andren tagis do wandirte wir und quamen zu 8
Cesaream und quamen da in Philippi des ewangelisten

---

¹) gerunit.

hues, d⁵ eynr uz den sibenen was, und by dem blibe
9 wir. und d⁵ hatte vir juncvrowen zu tochteren, und dy
10 prophetirten. und do wir da etliche tage gebliben, do¹)
quam uf uns eyn man van Judenlande, eyn prophete,
11 und des name was Agabus genant. und do d⁵ zu uns
gequam, do nam er Pauli gurtil und bant im hende
und vuze und sprach: dis sprach d⁵ heylige geyst: den
man, dem disir gurtil gehort, den w⁵den dy Juden also
zu Jherusalem binden und werden in antworten den
12 heyden in ire hende. und do wir dise wort gehorten,
do bate wir in und ouch dy, di da in d⁵ stat wonten,
13 das er nicht solde ufstigen kegen Jherusalem. do ant-
worte Paulus und sprach: was machit ir weynende und
quelende myn h⁵ze? den ich inbin dazu nicht alleyne
gereit, das ich gebunden w⁵de durch den namen Jhesu
14 des h⁵ren, sundir ouch zu sterben. und do wir im nicht
geraten mochten, do wurde wir im gevolgic²) sprechende:
15 des h⁵ren wille gewerde. sundir do wir nach den [669ᵇ]
tagen gereyt wurden, do wandirte³) wir uf kegen
16 Jherusalem. und etliche uz den jungeren van Cesarea
dy quamen mit uns und sy vurten mit in eynen, da
wir mite solden herbergen, Jasonem genant, und der
17 was dem Cypro, eynen alden jung⁵. abir do wir zu
Jherusalem quamen, do inphingen uns dy brudere gut-
18 lichen. sundir an dem anderen tage danach do gink
Paulus mit uns in zu Jacobo, und do wurden alle dy
19 eldisten besamt. und do er dy gegruzte, do sagete er
in eyn iclich ding besundiren, welch got getan hette
20 durch syne erbeyt undir den heyden. und do sy dy
ding gehorten, do lobten sy got grozlichen und sprachen
do zu im: siestu brudir, wy vile tusent undir den Juden
itzunt an got⁴) geloubit haben und dy sich doch noch
21 alle mit liebe an dy e halden? sundir sy haben van
dir gehort, das du zweytracht heldist in dinir lere in
den dingen, dy Moyses beschriben hat, und das sprechen
dy Juden, dy undir dy heyden gestrowit⁵) sint, das du

---

¹) vnd.   ²) gevolgit.   ³) wandrte.   ⁴) Am rande.
⁵) getrowit.

nicht wilt, das sy ire sune besniden, als is in der e
geboten ist, und ouch daz man der alden gewonheyt
und irer satzunge nicht halden insulle. und darum 22
was geschiet nu? den sundir zwyvel[1]) dy menye des
volkis wirt zusamenkumen, den sy w⁵den is horen, das
du her bist kumen. und darum so tu, das wir dir sagen: 23
den wir haben und⁵ uns vir manne, dy haben uf in
[670ᵃ] gelubde, das sy enden sullen. und dy nym an 24
dich und heilige dich mit in und vorzere mit in, das
sy ire houbte gescheren, und damite so w⁵den sy alle
das irkennen, daz dy ding valsch sint, dy sy van dir
gehort haben, sundir wandere, also das du selben dy
e bewaris. abir wir haben den geschriben, dy uz den 25
heyden geloubic wurden sint, daz richtende, daz sy sich
abezien van den valschen goten und van dem, daz in
geopfirt ist, und van dem blute und van dem vorsticten
und ouch von unelicher unkusheit. und do nam Paulus 26
dy manne an sich, und do er gesubert wart des vol-
genden tagis danach, do ging er mit in den tempil und
kundigete damite dy volendunge d⁵ tage synr suberunge,
uncz daz man vor irer eynen yclichen[2]) opferte daz
opfir, das sich geburte. sundir do siben tage vollenbracht 27
wurden, und do in dy Juden in dem tempil gesagen,
dy van Asya waren, do reysten sy alle das volk widir
in und wurfen an in ire hende rufende: ir israhelischen 28
manne, helfit uns, den dis ist d⁵ mensche, d⁵ widir
unsir volk und widir dy e und widir dise stat allen
enden leret dy lute, und darubir so hat er nu dy
heydene in den tempil gevurt und hat damite dise
heylige stat gesmehit. den sy hatten da Trophinum 29
in d⁵ stat gesehen, d⁵ van Epheso was, und darum so
wenten sy, das in Paulus in den tempil hette gevurt.
[670ᵇ] und davan so wart alle dy stat bewegit und 30
wart eyn[3]) zuloufen des volkis, und begriffen do Paulum
und zugen in uz dem temple, und also vort wurden dy

---

[1]) zweyuel: der schreiber schrieb zunächst zwe und den an-
satz des l, bemerkte die verschreibung, schrieb y eng an e,
teilweise mit benutzung des e, darauf uel. [2]) ycliclen. [3]) ey.

31 ture des tempils nach im geslozzen. sundir do sy wege
suchten, wy sy in mochten getoten, do wart is dem
tribuno, dˢ tusent rittere undir im hatte, gebotschaftit,
dˢ ubir dy groze trucht des keysers was, daz alle
32 Jherusalem in eyme tobenden sturme stunde. und des
nam er vollenbalde an sich rittere und centuriones,
iclichen mit synen hundirt ritteren, und lief ane undir-
laz zu in, und do sy den tribunum irsagen, do lisen
33 sy abe und enslugen Paulum vorbas nicht. und do trat
dˢ tribunus zu Paulo und begreif in und hiez in mit
zwen keten binden und vragete, wer er were und was
34 er getan hette. und do rief der eyne das eyne und der
andre das andre in der schar, und do dˢ tribunus nicht
gewissis mochte irkennen an irer rede vor dem ge-
ludme, do liez er in vuren in daz hus synr gewalt.
35 und do Paulus an dy treppe gequam, do geschach is,
das er van den ritteren getragen wart durch dˢ gewalt
36 willen des volkis. abir im volgete dy gemeyne trucht
37 des volkis wufende: nym in van dˢ erden. und do man
in in das huys begunde zu vuren, do sprach Paulus
zu dem tribuno: ist is icht mir irloubit, das ich widir
dich rede? und do sprach er widir zu im: und kanstu
38 ouch dye krichesche rede? odir enbistu nicht dˢ Egyptius
van Egypten, dˢ das groze [671ᵃ] gesturme undir dem
volke bewegete vor disen tagen, den du vurtist¹) vir-
39 tusent ubiltetige man in dy wustenunge? und do sprach
Paulus zu im: ich bin eyn judisch mensche van Tharso
in Cilicien dem lande geborn. und dy stat inist nicht
umbekant, und in der so bin ich eyn burger. und
darum so bit ich dich, das du mir gestatist, daz ich
40 rede zu dem volke. und do er is im vorheng, do stunt
Paulus uf unde wenkte mit synr hant zu dem volke,
und do eyn groz swigen da gemachit wart, do sprach
er das volk an in hebreischer zungen sprechende:

---

¹) Verb. aus: vurtistist.

Dis ist das zweyundzwenchiste capitil.

Manne ir brudere und vetere, nu horit dy redeliche 1
bewisunge, dy ich zu uch gebe. abir do is etliche 2
undir in irhorten, das er in hebreischir zunge
sprach, do vorligen sy im noch me eyn swigen. do sprach 3
er: ich bin *eyn* judisch man geborn van Tharso uz
Cilicia dem lande und bin irzogen in disir stat und
bin gelart vor Gamalielis vuze nach d^s warheit mynr
veterlichen e und bin eyn liebhaber der e, als ir ouch
alle huyte sit. und disen wec, den ich iczunt predige, 4
den han ich gehassit uncz an den tot, bindende und
antwertende in gevencnisse beyde man und wib, als 5
mir d^s vurste d^s pristere noch eynen gezuk gibit und
ouch alle, dy dy grosten van der geburt sint, van den
ich dy epistelen nam, do ich wanderte zu den bruderen
in Damascum, uf daz ich sye van dannen brechte ge-
vangen zu Jhe- [671^b] rusalem, uf das sy gequelit
wurden. abir is geschach, do ich dahin wanderte und 6
mich nehete zu Damascho, do balde an dem mittentage
umschein mich eyn ubirvlisende liecht, und do vallende 7
in dy erde hort ich eyne stimme sprechende zu mir:
Saule, Saule, was echtstu mich? is ist dir herte, das du
wid^s den stachel ufslahes mit dynem vuze. abir do 8
antwort ich: w^s bistu, h^{s}re? und do sprach er zu mir:
ich bin is Jhesus Nazarenus, den du echtis. und dy da 9
mit mir waren, dy sagen vorwar daz liecht, abir d'
stimmen inhorten sy nicht, dy da mit mir rete. und 10
ich sprach: was sal ich tun, h^{s}re? abir do sprach der
h^{s}re zu mir: stant uf und gank zu Damascho, und da
wirt dir van alle den dingen gesagit, dy du tun must.
und do ich nicht insach vor d^s clarheit des liechtis, do 11
wart ich van ^{1}) den gesellen mynis wegis geleytit, den ^{2})
sy namen mich in ire hende, und quam also zu Damascho.
und da was da eynr, des name waz Ananyas genant, 12
und der hatte nach d^s e volleist van alle den luten
eynen guten gezuk, dy da Juden waren und zu Damascho

---

^{1}) wan. ^{2}) Davor, aber getilgt: vn̄.

13 wonten. und do d⁵ zu mir gequam und by mir stunt,
do sprach er zu mir: Saule bruder, sich, und ich sach
14 in an in der selben stunde. und er sprach: Got
unserer vetere hat dich vor dazu geordent, uf das du
synen willen irkentis und das du den gerechten segis
15 und [672ᵃ] hortis dy stimme uz sinem munde. und du
salt sin gezuk werden zu allen luten d⁵ dinge, dy du
16 gehort hast und gesehen. und darum wonach sumestu
nu? stant uf und wirt getouft und wasche abe dine
17 sunde anrufende sinen namen. abir is geschach, das ich
wid⁵ quam zu Jherusalem und bete in dem temple, do
18 wart ich in eyne irschreckunge des geystes gesatzt und
sach in zu mir sprechen: yle und ganc balde uz
Jherusalem, den sy inw⁵den dynis gezugis van mir nicht
19 nemen. und ich sprach: h⁵re, sy wissen is, daz ich was
beslisende in den kerker und sy slahende in den
20 synagogen, dy in dich geloubten. und do Stephani bluet
dinis gezugis vorgozzen wart, do stunt ich da zukegen
und was¹) dazu mit mynem willen gevolgic und be-
21 warte d⁵ cleydere, dy in steynten. und do sprach er zu
mir: ganc, den ich wil dich verre zu den geslechten
22 senden. und des horten sy in uncz an das wort. und
do irhuben sy ire stimme in dy hoe sprechende: nim
disen menschen van der erden, den is inist nicht un-
23 gelich, das also getan eyn mensche lebe. und do sy
also mit iren stimmen wuchzen und ire cleidere van
24 in wurfen und wurfen den stoub uf in dy luft, do ge-
bot d⁵ tribunus, das man in²) *in* das huys synr gewalt
vurte, und liez in da mit geyslen slan und quelen, uf
das er dy sache irkente, worum sy im also zurifen.
25 und do sy in an dy sule mit den banden gebun- [672ᵇ]
den hatten, do sprach Paulus zu dem centurione, d⁵ da
by im stunt: und wi ist uch daz irloubit, das ir eynen
romischen unvortumten menschen also lat geyselen?
26 und do das d⁵ ³) centurio irhorte, do ging er zu dem
tribuno unde kundigete is im sprechende: was wiltu nu
tun, want disir mensche d⁵ ist eyn romisch burger?

---

¹) Darauf nochmals: vñ was.   ²) im.   ³) Am rande.

abir do trat zu im d⁵ tribunus und sprach: sage mir, 27
bistu eyn Romer? und do sprach er: ja ich bin is. und 28
do antworte d⁵ tribunus: ich habe dy burgerschaft mit
vile gutis irkrigen, und do sprach Paulus: und ich bin
zu d⁵ stat eyn¹) geborn burger. und darum so wichen 29
alle dy vollenbalde van im, dy in da quelen solden.
abir d⁵ tribunus vorchte sich nach dem, do im das ir-
kant²) was, das er eyn romisch burger were, um das er
in gebunden hatte. sundir in dem nachvolgenden tage 30
do wold er is mit vlise irvaren und wissen, um welche
sache er beclagit wurde van den Juden, und darum so
liez er Paulum ufbinden und gebot, daz dy pristere zu-
samen quemen und al ire rat, und brochte do Paulum
uz ervor und vugete in undir sye.

Daz driundzwenzigiste capitil.   23

Abir do satzte Paulus sin gemerke an den besamten 1
rat und sprach: manne ir brudere, ich han mich
begangen in allir guten samwitzkeyt vor gote uncz
hute an disen tac. sundir do gebot Ananyas d⁵ prist⁵ 2
den, dy da by im stunden, daz man in vor synen munt
solde slahen. und do [673ᵃ] sprach Paulus zu im: nu 3
sla dich got, du geverwete want, den du sitzist und
richtist mich nach d⁵ e, unde widir dy e gebitstu mich
zu slahen? und do sprachen dy da kegenwertig stunden: 4
und vluchestu dem hoesten prist⁵e gotis? sundir do 5
sprach Paulus: brudere, ich inwuste sin nicht, das er
d⁵ pristere vurste ist; den da ist geschriben: du insalt
dem vursten dynis volkis nicht vluchen. abir das was 5
Paulo bekant, das undir *in* eyn teyl waren Saducey
und daz andere teyl Pharisei. und davan entrief er
undir d⁵ samnunge: manne ir brudere, ich bin eyn
Phariseus uz d⁵ hoffenunge d⁵ toden ufirstende, und da-
van so wert ich hy gerichtit. und do er das gesprach, 6
do wart eyn zweytracht zwischen den Pharisei und den
Saducen, und damite so wart das gesamte volk ge-

---

¹) ey.   ²) Verb. aus: irkante.

8 scheiden, wand dye Saducen sprechen, daz dy ufirstende
d⁵ toden nicht w⁵den sullen und das ouch keyn engil
odir geist sy, abir dy Pharisei bekennen der dinge
9 beyde. und davan so wart eyn groz gerufte. und des
irhuben sich etliche uz den Phariseen und vochten
sprechende: wir inhaben nicht argis gevunden in disme
menschen; den was ist darane, ob der geyst mit im
10 gereth habe odir d⁵ engil? und do davan eyne groze
zweytracht was, do vorchte sich d⁵ tribunus, das Paulus
icht von in zurissen wurde¹). do gebot er den ritteren,
das sy nidir gingen unde nemen Paulum uz irme mittele
und [673ᵇ] das sy in vurten in das huys synr gewalt.
11 abir in d⁵ kumenden nacht do stunt der h⁵re by im
und sprach: wis stete. den als du den gezuk van mir
zu Jherusalem gegeben hast, als mustu ouch van mir
12 zu Rome eynen gezuk geben. sundir do is tag gewart,
do lasen sich etliche uz den Juden zusamne und vor-
lobten sich des sprechende, daz sy noch ezzen noch
13 trinken welden, uncz das sy Paulum getoten. und der
was me den virczik man, dy sich also zusamen ge-
14 sworen hatten. und dy gingen zu dem vursten d⁵ pristere
und zu den eldsten und sprachen: mit minkeyt han
wir das gelobit, daz wir keynis dingis smecken wellen,
15 uncz das wir Paulum getoten. und darum so tut is nu
dem tribuno kunt mit dem rate, uf das er in zu uch
vure, als ob ir etwas gewissis dingis weldit van im
irkennen. und so sy wir dazu gereyt, das wir in wellen
16 toten, e den er zu uch kume. abir do das Pauli swestir-
sun irhorte, daz sy im dy lage welden legen, do quam
17 er und ging in dy burg und kundigite is Paulo. sundir
do lut Paulus eynen centurionem zu im und sprach:
18 disen jungeling den breng zu dem tribuno. und der
nam in an sich und vurt in zu dem tribuno und sprach:
der gevangene Paulus d⁵ bat mich, daz ich disen
jungeling zu dir brechte, den er hat etwas zu dir zu
19 reden. abir do begreyf d⁵ tribunus syne hende unde
weich mit [674ᵃ] im besyten und sprach zu im: und

---

¹) wurden.

was ist is, daz du mir hast zu sagen? und er sprach: 20
dy Juden w⁵den dich bitten, daz du bes morne Paulum
vor sy brengis in ire samnunge, den sy tun, als ob sy
etwas gewissirs dingis wellen van im vragen. sundir 21
du insalt in nicht gelouben, den sy haben im lage ge-
leyt uz in me denne virczik manne, und dy han sich
mit gelubde vorstrickit, daz sy nicht wellen ezzen noch
trinken, uncz daz sy in getoten. und nu sint sy gereyt
und beyten dynis gelubdis. und do liez d⁵ tribunus den 22
jungelink von im und vorbot im, das er davan mit
nymande inrete, daz er dy rede im kunt gemachit hette.
und do er zwene centuriones zu im gelut¹), do sprach 23
er zu in: bereytit zweyhundirt rittere, uf daz sy
wanderen zu Cesaream, und sibenczik manne ritendis
volkis und zweyhundirt manne mit speren, van d⁵
dritten stunde d⁵ nacht. und bereytit dy noz, uf daz sy 24
Paulum daruf gesetzten und brechten in ane schade zu
Felice des keysers richt⁵e. den er vorchte, daz in icht 25
dy Juden den ritteren genumen hetten und hetten in
getot und daz er danach noch davan moste geliden,
als ob er davor gelt genumen hette. und schreib eyne 26
epistele, dy behilt dise wort: Claudius Lysias dem guten
richtere Felici heil. dysir man was begriffen van den 27
Juden, und do sy in begunden zu toten, do quam ich
darauf mit [674ᵇ] mynem volke und loste in, do ich
is irkante, daz er eyn Romer were. und ouch so wold 28
ich dy sache wissen, d⁵ sy im schult gaben, und des
vurt ich in in ire samnunge und vant das, daz sy in 29
beschuldigeten umme vrage irer e, sundir er inhatte
kein lastir, daz des todis odir d⁵ bande wert were. und 30
da mir ire lagen offenbare gemachit wurden, dy si im
bereyt hatten, do sant ich in zu dir und kundigete is
den clegeren, daz sy ire sache vor dir sagen. und 31
darum so namen dy rittere nach dem gebote, das in
geschen was, Paulum uf und vurten in durch dy nacht
zu Antipatriden. und des nachvolgenden tagis do lisen 32
sy das ritende volk van in, uf daz sy mit im vort

_____

¹) ge am rande.

wandirten, und sy karten widir in iren dinst zu dem
33 volke. und do sy zu Cesaream gequamen und dy
epistele dem richtere hatten gegeben, do brachten sy
34 Paulum vor in. abir do er dy epistele gelaz, do vragete
er in, van welch⁵ provincien daz er were. und do er
35 is irkante, daz er van Cilicia were, do sprach er: ich
wil dich horen, so dine beclegere w⁵den kumen. und
damite so gebot er, daz man in in Herodis dinghues
solde behalden.

24   Dis ist das virundzwenzigiste capitil.

1 Sundir nach vumf tagen do wandirte Ananyas d⁵
prist⁵e vurste nidir mit etlichen d⁵ eldisteu und mit
Tertullo eyme geraden vorsprechen. und dy gingen
2 zu des keysers richter widir Paulum sprechende: so
wir in grozme vride blibende sin van [675ᵃ] dinr wegen
und durch dine vorsichtikeit vile ding gebessirt w⁵den
3 zu allen geziten und allen enden, so nem wir is ouch,
4 gute Felix, mit allir danknemkeit. ·abir uf daz ich dich
icht lenger vorzie, so bit ich dich durch dine gute,
5 hore uns kurzlichen: wir haben disen menschen eynen
morttragenden man gevunden und d⁵ da zweytracht
wirckt undir den Juden als wite, als daz ertriche ist,
und ist eyn houbtman des geteylten volkis, dy da
6 Nazareni sint genant. und ouch so was er danach mit
vlise, daz er unseren tempil wold mit storendem lastre
honen. und do wir in begriffen und wolden in nach
7 unsir e gerichtit haben, und do quam ubir uns d⁵
tribunus Lysias und benam in mit grosir gewalt uz
8 unseren henden und hiez syne beclegere¹) zu dir
kumen. und davan so machtu is selben richtende ir-
kennen van alle²) den dingen, da wir in um beschuldigen.
9 und zu den reden leiten ouch dy Juden ire wort
sprechende, daz sich dy ding alle also gehetten, als er
10 gesprochen hatte. abir do antworte Paulus, do im d⁵
richter wencte, das er spreche: uz vile jaren han ich

---

¹) becbegere.   ²) Verb. aus: allen.

daz irkant, daz du eyn richtir disis volkis bist, und
darum so wil ich mit eyme guten mute vor mich vol
tun. den is mac dir wol bekant sin, daz mynr tage 11
nicht me den zwelve sint, do ich ufsteyk beten zu
Jherusalem. und da invunden sy mich ouch nicht in 12
dem temple mit nymande dispu- [675ᵇ] tiren odir das
ich da eyn zuloufen der schare hette gemachit, noch des
inhan ich ouch nicht in den synagogen getan noch 13
ouch in dˢ stat, noch sy inmogen dir des ouch nicht
mit dˢ warheit bewysen, do sy mich nu van beclagen.
sundir ich bekenne dir des, das ich nach dˢ abegescheyden- 14
heit, dy sy eyne irwelunge nennen, so dine ich also
gote dem vatere geloubende alle den dingen, dy in
der e und in den propheten geschriben sint, hoffenunge 15
habende in got, der hoffenunge ouch dise selben beytende
sint, und das ist dy zukumende ufirstende dˢ gerechten und
dˢ ungerechten. und an das so lege ich mynen vliez ane 16
hindˢnisse, uf das ich eyne gute samwiczkeyt habe zu
gote zu allen geziten und ouch zu den luten. abir danach 17
in vile jaren do ich almuse wolde begen kegen mynem
volke und ouch daz ich myn opfir brengen wolde und ouch
myn gelubde halden, und in den dingen vunden sy mich 18
gesubert in dem temple nicht mit keynr schar noch
mit keyme geludme. und des begriffen sy mich wufende
und sprechende: nemit disen unseren vient van dem
lebne. abir da waren ouch etliche Juden van Asya, und 19
dy solden ouch nu hy bilche kegenwertig sin und
solden mich hy beclagen, were daz sy icht widir mich
hetten. odir ist is ouch, das dise selben Juden icht 20
bosheit in mir vinden, so mugen sy is sprechen, den
ich ste in dˢ samnunge [676ᵃ] des gerichtis. sundir 21
ich werde huyte um dy eyne stimme alleyne van uch
gerichtit, do ich undir in stende rief van dˢ ufirstende
dˢ toten. sundˢ Felix dˢ zouch sy uf, den er was des 22
gewis, daz Lysias dˢ tribunus synen wek zu im machen
wart sprechende: so Lysias der tribunus wirt kumen,
so wil ich uch horen. und damite so hiez er is den 23
centurionem, das er sin huten solde und daz er solde
rue haben und das man des nicht vorbiten insolde, im

inmochte eyn iclicher uz den synen mit dinste zu hulfe
24 kumen. abir da nach etlichen tagen quam Felix mit
Druxillen synr husvrowen, den sy was eyne Judinne,
und sy hatte in gebeten, das sye Paulum mochte sen
und das sy van im den gelouben mochte horen, d⁵ sy
25 an Cristum Jhesum wiste. abir do Paulus da begunde
zu disputiren van d⁵ gerechtikeit und van d⁵ kuscheyt
und van dem zukumende gerichte, do wart Felix
bibende und antworte: das dich nu in disir zit an-
gehorit, das gank und tu is, sundir zu eynr gevuge-
26 lichen zit so wil ich¹) dich zu mir laden. und damite
so was er ouch des hoffende, das im²) gelt van Paulo
gegeben wurde, und darum so lut er in ouch gevach
27 zu im und rete mit im. sundir do zwey jar volendit
wurden, do schiet Felix van dannen und nam eynen
nachvolger nach im, der was Festus Ponticus genant.
abir Felix wold das den Juden zu einer gnadenrichen
vruntschaft [676ᵇ] vorlien und liez Paulum also ge-
vangen sitzen.

25   Das vumfundzwenzigiste capitil.

1 Und darum do Festus in dy provincie gequam nach
    drin tagen, do wandirte er uf kegen Jherusalem.
2   und do gingen dy vursten d⁵ pristere und dy
ersten der Juden zu im widir Paulum und baten in
3 vlehende um gnade, daz er in hiese brengen zu
Jherusalem. und damite so wolden sy im mit lage by
sin an dem wege, uf daz sy in³) in dem wege, e den er
4 zu Jherusalem queme, toten. sundir Festus d⁵ antworte,
das er Paulum welde halden zu Cesarea und welde
5 vru van dannen wanderen. und darum dy undir uch
mechtig sint, dy varen nidir besamt zu Cesaream, und
6 beclagen da den man, ob icht lesterlich⁵ sunde in im
ist. und damite so enbleib er nicht lenger undir in den
achte odir zehen tage und vur widir nidir zu Cesaream,
und des andren tagis satzte er sich zu gerichte und

---

¹) Am rande.   ²) Verb. aus: mir.   ³) Am rande.

liez Paulum vorbrengen. und do er vorgebracht wart, 7
do umstunden in alle dy Juden, dy da nidir van
Jherusalem gekumen waren, und wurfen im vile swerer
sachen undir sine ougen, d⁵ sy doch nicht beweren
noch bewisen mochten. den Paulus gab van alle den 8
dingen volkumene rechenschaft, want er inhette noch
widir dy e d⁵ Juden noch widir den keiser noch ouch
widir den tempil an keynen dingen gesundigit. abir 9
Festus wold is den Juden zu eynr gnaden vorlien, und
[677ᵃ] antwortende Paulo so sprach er: wiltu ufvaren
kegen Jherusalem und wilt da vor mir van disen
dingen gerichtit werden? abir do sprach Paulus: ich 10
ste hi vor dem richtestule des keysirs und da mus
ich bilchen gerichtit w⁵den. den Juden inhan ich nicht
geschat, als du is wol und baz weyst. sund⁵ ist is 11
also, das ich in icht geschat habe odir keyn ding
getan habe, das des todis wert sy, so intsage ich mich
des nicht, ich insulle bilchen sterben. abir ist denne
an disen dingen nichtisnicht, davan mich dise beclagen,
so inmac ouch mich nymant in gegeben. ich berufe mich
an den keyser. und do Festus do mit syme rate gerete, 12
do antwort er im: du hast dich an den keyser berufen,
und zu dem keysere saltu kumen. und danach do 13
etliche tage volendit waren, do quam Agrippa d⁵ kunic
und Bernice nidir zu Cesaream, uf daz sy Festum
welden grusen. und do sy sich da vile tage by im 14
enthilden, do sagete Festus dem kunige van Paulo
sprechende: hy ist eyn man, d⁵ ist van Felice ge-
vangen gelasen, und nu do ich zu Jherusalem was, do 15
quamen van synr wegen zu mir d⁵ prist⁵e vursten und
dy eldisten d⁵ Juden und baten vlisiclichen widir in
eyn vortumen des todis. und den antwort ich, daz dy 16
Romere d⁵ gewonheit nicht inhetten, das sy keynen
menschen uzgeben zu dem tode uncz also lange, das
d⁵ beschulte mensche sine clegere in synr kegen-
wertikeit hette, also das im da- [677ᵇ] mite eyne stat
gegeben wurde, sich zu beschirmende und sich reyn zu
machen van dem lastre, das man im schult gibit. und 17
darum do sy ergequamen ane allirleye undirlaz an dem

nachkumende tage, do satzte ich mich an daz gerichte
18 und liez den man vorbrengen. und do sine beclegere
da kegenwertig gestunden, do enbrochten sy kenrhande
clage, da ich umme argis durfe van im gewenen.
19 sundir sy hatten etlich vragen van irer unnuczen
heylikeit und van eyme toden Jhesu, davon Paulus
20 sprach, das er noch lebete. abir do ich also mit disme
krige bekummert was und nicht ganczis davan wuste, do
sprach ich zu im, ob er welde zu Jherusalem wanderen
21 und welde da van disen dingen w⁵den gerichtit. abir
do sich Paulus dovan berief, uf das er dem bekentnisse
des keysers wurde behalden, do liez ich in behalden,
22 uncz das ich in zu deme keysere gesente. sundir do
sprach Agrippa zu Festo: ich weld ouch selben den
menschen horen. do sprach er: bes morne so wirstu in
23 horen. sundir an dem anderen tage do Agrippa und
Bernice mit grozer begerunge gequamen und in das
dinchuys *gegingen*, do man dy sachen horte gerugen, mit
den tribunen und mit den wirdigisten mannen der stat, und
24 do is Festus gebot, do wart Paulus vor sy gevurt. und
sprach Festus: kunig Agrippa und ir manne alle, dy ir
mit uns zusamne sint, set [678ª] ir disen menschen,
um den zu mir quam alle dy menye¹) d⁵ Juden und
bat widir in gerichte van mir und rifen ubir in also,
25 daz er mit nichte solde leben. abir ich han das ir-
vunden, das er keyn ding getan hat, das des todis
wert sy. sundir um das so er sich an den keyser hat
berufen, so bin ich zurate gewurden, das ich in dahin
26 senden welle. abir ich inhabe nicht gewissis, daz ich
dem h⁵ren van im geschribe, und darum so han ich in
vor uch gebracht und allirmeyst vor dich, kunig
Agrippa, uf daz so du in gevregis, daz ich davan icht
27 gewissis irkrige, daz ich geschriben moge. den is
dunkit mich ane redeliche bewisunge sten, daz ich
disen man gevangen sende und synr sache dem keysere
nicht mite bezeychen enpite.

---

¹) meyne.

Diz ist daz sechsundzwenzicht capitil. 26

Sundir do sprach Agrippa zu Paulo: man gestat dir 1
sin, das du vor dich selben redis. und do racte
Paulus syne hant uz und begunde d⁵ dinge rede
zu geben mit bewisunge: kunig Agrippa, in alle den 2
dingen, da ich mite beschuldigit bin, do hald ich mich
unschuldic ane und selk bi dir, den ich wil mich huyte
weren und beschirmen und sundirlichen vor dir und 3
allermeyst, so dir alle gewonheit d⁵ Juden bekant sint
und ouch ire vragen van irer satzunge, und darum so
bit ich dich [678ᵇ] vlehende, daz du mich geduldic-
lichen horis, und sundirlichen so myn leben van jugent, 4
das van anegenge in mynem volke gewesit ist zu
Jherusalem, van allen Juden bekant ¹) ist. den sy han 5
mich vor van anegenge irkant, ist is, das si sin ²) eynen
gezuk wellen geben, daz ich als eyn Phariseus gelebit
habe in der abegeteylten wyse unsirs geystlichen lebens.
und ³) nu so ste ich hy in dem gerichte undirtenik in 6
dem selben gelubde hoffenunge des vesten gelubdis,
daz zu unseren veteren van gote geschen ist, und in 7
d⁵ selben hoffenunge so sint dy zwelf geslechte tag
und nacht dinende und hoffen, das sy zu dem gelouben
sullen kumen. und van der hoffenunge so werd ich,
kunic, hy beclagit van den Juden. und wy mac das 8
ungeloublich by uch gerichtit w⁵den, ab got dy toten
irwecken wirt? und ich han ouch des mut, das ich vil 9
widiriger ⁴) ding widir Jhesu Nazareni namen solde
getan haben. und des tet ich ouch eyn teyl zu 10
Jherusalem und vile heyligen besloz ich in den kerkeren,
do ich dy gewalt van den vursten d⁵ pristre genam.
und so man sy denne tote, so broch ich das urteyl
ub⁵ sy und durchvur alle dy synagogen, uf das ich 11
sy pynigete, und twanc sy dazu, das sy got widir den
rechten gelouben honten, sich van dem gelouben zu
gebene. und noch me ubete ich den unsin mynis

---

¹) bekan. ²) Verb. aus: sinr. ³) vn. ⁴) Verb. aus:
wirdiriger.

tobendis widir sy und echte sy uncz an [679ᵃ] dy
12 allirletsten stete des judischen landis. und do ich in
den wegen was und zu Damasco ging mit gewalt und
13 mit dem vorhengende d⁵ vursten ubir dy pristre, do
rechte an dem mittentage sach ich, kunig, eynen glantz
clar grozir den d⁵ sunnen schien kumende uz dem
himele. und das liecht umschein mich und ouch dy,
14 dy da samt mit mir waren. und do wir alle davan
in dy erde gevilen, do hort ich eyne stimme in
hebreyscher zungen zu mir reden: Saule, wonach echtu
mich? Is ist dir herte, das du ufslahis˙mit dinen vuzen
15 widir den stachil. sundir do sprach ich: wer bistu,
h⁵re? ab⁵ do sprach d⁵ herre: ich bin is Jhesus Nazarenus,
16 den du echtist. sund⁵ irhebe dich und stant uf dine
vuze, den dazu bin ich dir irschenin, das ich dich d⁵
dinge zu eyme gezuge setze und zu eyme dinere, dy
du gesehen hast, und ouch d⁵ dinge, in den ich dir
17 irschinen wil. den du salt myn teil vrien uz den volken
18 und uz den geslechten, in dy ich dich nu sende, also
daz du offenst ire ougen, uf daz sy van den duster-
nissen zu dem liechte bekart w⁵den und ouch van
sathanas gewalt zu gote, uf das sy vorgebunge irer
sunde genemen und eyn loz undir den heyligen durch
19 den gelouben, d⁵ in mich ist. und darum, kunig Agrippa,
so enwas ich nicht ungeloubic kegen deme hymelischen
20 gesichte, sundir ich kundigete dy ding des ersten den,
dy da [679ᵇ] waren zu Damasco und zu Jherusalem
und in alle dem judischen lande und den geslechten ¹)
d⁵ heydene, uf daz sy buze vor ire sunde teten und
bekart wurden zu gote, wirdige werc d⁵ buze zu tunde.
21 und um dy sache begriffen mich dy Juden, do ich in
dem temple was, und warten, das sy mich toten wolden.
22 abir mir wart geholfen mit d⁵ hulfe gotis. und also
ste ich noch uncz huyte an disen tag, gezug gebne
dem minsten und ouch dem grosten, und inspreche
busen den dingen nicht, dy dy propheten zukumende
23 gesprochen haben und ouch Moyses. den was Cristus

---

¹) geslechen.

lidenlich und wolde lyden, und so ist er ouch d⁵ erste
uz d⁵ ufirstende der toden, und er sal das liecht kun-
digen dem volke und ouch den geslechten d⁵ heyden.
abir do er dise ding sprach und gab des eyne redeliche 24
bewisunge, do sprach Festus mit eynr grozen stimmen:
Paule, du tobis, den vile ¹) buchstabe d⁵ schrift dy um-
wenden dich zu eyme tobenden. und do sprach Paulus: 25
gute Feste, ich intobe nicht, sundir ich rede hi wort
eyns unvortrunkennen sinnis und dy wort d⁵ warheit.
den d⁵ kunig, widir den ich dise ding kunlichen rede, 26
dem ist is bekant, den ich inwene des nicht, das im
disir dinge keyns vorholen sy, want disir dinge inist
keyns in eyme wynkele geschen, sund⁵ offenberlichen.
kunig Agrippa, geloubistu icht den propheten? abir 27
ich weys is wol, das du in ge- [680ᵃ] loubis. sundir 28
do sprach Agrippa zu Paulo: du wisist mich in wenik
mit dem rate dinr wort an, daz ich Cristen werde ²).
und do sprach Paulus: ich begere sin by gote in dem 29
wenigisten und ouch in dem grosten und nicht alleyne
das du, sundir ouch alle, dy mich horen huyte, also
w'den als ich bin, ane dyse bant, da ich mite gebunden
bin. und do stunt d⁵ kunig uf und d⁵ richter und 30
Bernice ³) und dy, di da by in gesezzen hatten. und 31
do sy van dannen gegingen, do reten sy zusamne
sprechende: diser mensche inhat des nicht getan, das
des todis od⁵ der bant wert sy. und do sprach Agrippa 32
zu Festo: man mochte dysen menschen gelasen haben,
enhet er sich nicht zu dem keysere berufen.

Das sibendeundzwenzigiste capitil.   27

Abir do is also entrichtit wart, das er zu schiffe 1
ubirvaren solde zu Ytaliam in das lant und daz
man Paulum mit den anderen gevangenen solde
antwerten dem centurione, d⁵ Julius was genant, und
der was ubir dy trucht d⁵ rittere, dy des keysers
rittere waren genant, do stige wir in eyn schiff, das 2

¹) wile.   ²) Verb. aus: were.   ³) beruyte!

was Adrumentina genant, und do wir in dem schiffe
begunden zu varen, do quamen wir an dye stete, dy in
Asya lagen, und[1]) vorvuren sy. und da was mit uns
stete blibende Aristarchus, der van Macedonien waz uz
3 eynr stat, dy Tessalonica [680ᵇ] hyez. und an dem
nachvolgenden tage do quame wir zu Sydone. und do
handilte Paulum Julius ser minninclichen und liez in
zu synen vrunden gen, uf das man syn ruche hette.
4 und do wir von dannen gevuren, do quam wir in den
Cypir, und das geschach darum, den dy winde waren
5 uns[2]) enkegen. und do wir das mer by Cilicien und
Pamphilien ubᵉgesigilten, do quam wir zu Lystram dᵉ
6 stat, dy in Licia liet dem lande. da vant dᵉ centurio
eyn schif van Alexandriam und das wolde zu Ytalien,
unde des nam er uns uz unserme schiffe und satzt uns
7 in das. und do wir in vile tagen ser tregelichen ge-
vuren und kume kegen Gwidum dᵉ havene waren
gekumen und dahin nicht inmochten, den dᵉ wint[3])
vorbot is uns, do sigilte wir zu Cretam in dy havene,
8 dy da liet by Salmona. und do wir kume daby ge-
sigilten, do quam wir an eyne stat, dy ist dy havene
9 des guten genant, und daby was Tessalea dy stat. und
do is eyne groze zit irging und daz sigelen iczunt nicht
sicher was, den dy vaste was iczunt irgangen, do troste
10 Paulus dy lute in dem schiffe sprechende: ir manne,
ich se is, das sich dis sigilen beginnit mit unrechte und
vile schaden nicht alleyne dᵉ last, dy in dem schiffe
ist, sundir ouch des schiffis und ouch uwers eygenen
11 lebens. abir dᵉ centurio geloubte me dem stuermanne
und dem schifhᵉren den den worten, dy im van Paulo
12 [681ᵃ] gesagit wurden. und do dy havene nicht bequeme
was, also das wir den wintir da gelegen hetten, und
darum so was irer vile, dy sich des beriten, das sy von
dannen welden varen, ob sy in keynr wyse zu Phenice
mochten bewinteren, den dᵉ pfort kafte kegen Crete uf
den sudenwint und uf das westene, das ist uf das sut-
13 westene. abir do dᵉ sudenewint wart wehende und sy

---

[1]) Am rande.   [2]) vncz.   [3]) Am rande.

wenten, das sy eynen vortganc nach iren willen hetten
und sy sich van Asson gezugen und sich kegen Crete
hilden, do irhub sich balde nach kurczer zit d⁵ norde- 14
westene wint und gab sich kegen dem schiffe mit
gewalt. und do das schif van dem selben winde ge- 15
numen wart, do inmochte sich is nicht enthalden noch
irheben kegen des windis trift. und also wart das schif
undir den wint gegeben, und wir vuren vortan. und 16
do vorlife wir eyn werder, das ist Cauda genant, und
do mochte wir kume das volgende schifchen, das eyn
bot genant ist, enthalden. und do sy den bot ingebrochten, 17
do gebruchten sy hulfe und umgurten das schif. und
sy vorchten sich sere, uf das sy icht in eynen sorc-
lichen swalk des meres quemen, und also wurden sy
van den unden gevurt, wo sy der wint hintreyb. abir 18
do das schif also van dem grozen sturme gewurfen
wart, do wurfen sy des nachvolgenden tagis das gut,
das sy inne hatten, und an dem dritten tage do wurfen 19
sy uz ubir [681ᵇ] dy burt alle ire gerete, das zu dem
schiffe gehorte, mit iren henden. und do in vile tagen 20
sich noch sunne noch dy sterne in irme schine bewisten
und sich nicht eyn cleynr sturm des windis und des
meris widir uns irhub und uns iczunt benumen was
alle dy hoffenunge unsirs heylis, und do eyn groz 21
vastin in allen do geschach, do stunt Paulus uf in das
mittil und sprach: ir manne, ir soldit mich bilchen
gehort haben und insoldit uch nicht van Creta irhaben
haben, so hette ir dise groze mue gewunnen und ouch
das werfen uwers gutis. abir ich rate uch nu, das ir 22
gutis gemutis sit, den da enwirt keynr sele vorlust
undir uch den des schiffis alleyne. den d⁵ engil gotis, 23
des ich bin und dem ich ouch dine, der stunt in disir
nacht by mir sprechende: invorchte dich nicht, Paule, 24
den du must vor dem keysere gesten. und got d⁵ hat
dir alle dy gegeben, dy hi mit dir in disme schiffe
varen. und darum, ir manne, sit gutis gemutis, den ich 25
geloube des myme gote, das is also w⁵t irgen, als mir
gesagit ist. sundir wir musen in eyn werder kumen. 26
abir nachdem do dy virczende nacht ubir uns gequam 27

und wir by Adria sigilten und do is by mitternacht
gequam, do beduchte dy schiflute, daz in eyn lant
28 irschene. und do wurfen sy ire gelote und vunden
zwenczig mase, und danach ubir [682ᵃ] eyn wenig dò
29 vunden sy vumfczene. und do hatte wir vare, daz wir
in dy scharfen stete dˢ steyne van dem winde gewurfen
wurden. do wurfen sy vor uz dem schiffe, das dy
stevene heysit, vir ankere und begerten, das is tag
30 wurde. abir dy schiflute suchten wege, wi sy dem
schiffe enpflien mochten, und schuzzen den bot und
teten, als ob sy ankere hinden uz dem schiffe ¹) welden
31 werfen. do sprach Paulus zu dem centuⁱione und zu
den ritteren: is insy denne das ir in dem schiffe blibit,
32 so inmugit ir nicht selk gewˢden. und do sniten dy
rittere dy strenge des botis abe und gestaten, das dˢ
33 bot vorginge. und do is liecht van dem tage begunde
wˢden, do bat sy Paulus alle, das sy spise zu iris libis
notdurft nemen, sprechende: dis ist dˢ virczende tag
hute, das ir beytende dˢ hulfe hungerik blibit, als das
34 ir nicht spise nemet. und darum so bit ich uch, das ir
spise nemit durch uwers heylis wille, den undir uch
allen so invorget keyme eyn har van syme houbte.
35 und do er das gesprach, do nam er brot und dankte
gote in irer allir angesichte. und do er is gebrach, do
36 begunde er zu ezzen. sundˢ do wurden sy alle bessirs
37 gemutis und namen ouch ire spise. abir unsir waren
alle in dem schiffe zweyhundirt selen und sibenund-
38 sibenzyk. und do sy mit dˢ spise gesetet waren, do
entringeten sy dem [682ᵇ] schiffe und wurfen den weyse
39 in daz mer. abir do is tag gewart, do inirkanten sy
dennoch keyn lant, sundir sy merkten als eynen schoz
des meris. und do beduchte sy, das dˢ eyn ubir hette,
und daruf so trachten sy, wi sy dahin daz schif ge-
40 brechten. und do sy dy ankere widir ufgenamen, do
losten sy di bant dˢ sture und anderer hulfe und
huben do das segil uf und gaben sich in das mer vor
wage und vor winde und meynten, wi sy zu dem ubere

---

¹) schisse.

mochten kumen. und do wir an eyne sorkliche stat 41
gequamen, do sich zwo tufe zusamne gaben und
mitte sichte was, do stisen sy das schif. und des ¹)
schiffis hindirste teyl daz bleyb umbewegit, do is ge-
hafte, abir dy stevene wart van des meris craft zulosit.
sundir is was dˢ rittere rat, das man dy vangenen alle 42
toten solde, uf das sy icht enpflogen, so sy uz dem
mere geswummen ²). abir dˢ centurio wolde Paulum 43
behalden und darum so vorbot er is, das is icht ge-
schege. und er gebot den, dy da mochten swimmen, das
sy sich des ersten in das mer uzgeben und entquemen
und gingen uf das ubir. und dy anderen brochten sy 44
uf den breteren uz und uf anderen dingen, dy uz dem
schiffe waren. und also geschach *is*, das alle dy selen
zu dem lande quamen.

Daz achtundzwenzigiste capitil. 28

Unde do wir dˢ not ledic wurden, do irkante wir, 1
das das werder Micilena was genant. und [683ª]
dy barbari, dy da wonten, dy pflagen uns nicht
cleynr mitsamkeyt. und damite do sy eynen birboum 2
zu vuere enczunten, damite so irquicten sy uns durch
des regens willen, dˢ uns vorhilt, und ouch durch dˢ
kelde willen. abir do Paulus eyn subˢlich groz teyl der 3
abegesneytelten wynremen zusamen besamte und hatte
sy uf das vuer gelegit, und do eyne owdechse van dˢ
hicze des vuers uz den wynremen gequam, do vur sy
Pauli hant an und behinc darane. und do dy unwissende 4
barbari dy owdechse sagen hengen an synr hant, do
sprachen sy zusamne: sichirlichen diser mensche ist
eyn manslechter, und nu er uz dem mere entkumen
ist, so instat sin doch dy gotliche rache nicht, daz ³) er
lebe. und da schut er dy bestien van dˢ hant in das 5
vuer und inhatte van ir nichtisnicht argis geliden. und 6
do vormuten dy barbari sich des, das er in eyne
swulst ⁴) gewant solde wˢden und solde danach balde

---

¹) das.   ²) geswmmen.   ³) da.   ⁴) swlst.

vallen und sterben. und do sy danach lange gebeiten
und das irsagen, das im nichtisnicht argis geschach,
do wanten sy sich umme und sprachen, daz er got
7 were. abir in den steten do waren etliche vesten, dy
waren des vursten, d^s ubir daz werder riet, und der
was Publius genant. d^s enpfinc uns und irbot sich uns
8 drie tage ser gutlichen. sundir is geschach, das Publii
vatir van dem riten und van unvertigem gange synis
libis, das ist van dem buchubele, [683^b] swerlichen ge-
muit was und davan stille lac. und zu dem ging Paulus
in. und do er [1] gebete, do leyte er uf in syne hende
9 und machte in gesunt. und do das geschach, do quamen
alle dy zu im, dy da suechen uf dem werdere hatten.
10 und sy wurden alle zu gereche. und dy lute erten uns
ouch mit mancherleye ere. und do wir mit dem schiffe
van dannen varen solden, do gaben sy uns dy ding in
11 das schif, d^s uns not was. ab^s nach drin manden do
solde wir varen in eyme schiffe, das was van Alexandrien,
den das hatte winterlage an dem w^{s}dere gelegen, und
was eyn ser bemant [2] schif mit eyme gewaldigen
12 kastile [3]. und do wir van dannen zu Syracusanam an
13 dy stat gequamen, do blibe wir da dri tage. und do
zuge wir uns darum van dannen und quamen zu Regio,
und nach dem tage do d^s sudenewint gewehite, an
14 dem anderen tage do quame wir zu Puteolos. und da
vunde w^s brudere und van den wurde wir gebeten, das
wir da siben tage bliben. und also quame wir zu Rome.
15 und do das dy brud^{s}e [4] irhorten, dy da bie Apio wonten,
do lifen sy uns zu enken uncz an Apii markt und zu
den drin tavernen. und do dy Paulus irsach, do dankete
16 er gote und nam davon eyne kunheyt. und do wir do
zu Rome gequamen, do wart is Paulo vorhangen, das
er in synr eygenen wonunge blibe mit eyme rittere, d^s
17 syn hute. ab^s da nach dem dritten [684^a] tage do belut
Paulus zusamne dy ersten d^s Juden. und do dy ge-

---

[1] Am rande.   [2] benant; so nach der auffassung des
übersetzers.   [3] Vulg.: cui erat insigne Castorum (vgl. les-
arten bei W-W).   [4] burd^{s}e.

quamen, do sprach er zu in: manne ir brud^{5}e, do ich
nichtisnicht widir myn volk getete noch wid^5 mynen
veterlichen sitten, do wart ich zu Jherusalem gevangen
und gebunden und bin also geantwort in d^5 Romere
hende. und do sy um mich gevrageten, wy myne 18
wanderunge stunde, do wolden sy mich vrilasen, umme
das sy keyne sache des todes an mir vunden. abir do 19
das dy Juden widirsprachen, do wart ich dazu ge-
twungen¹), das ich mich an den keyser berife. und des
inhan ich nicht getan, als ob ich icht habe, da ich
myn volk umme beclagen welle. und durch disir sache 20
willen so han ich des begerit, das ich uch se und uch
anrete. den durch Israhelis hoffenunge willen so bin
mit disir keten umgerungen. und do sprachen sy zu im: 21
noch wir inhan brive van dynr wegen uz Judenlande
enpfangen, noch da inist ouch keyn brudir zu uns
kumen, der uns icht gebotschaft habe od^5 icht argis
van dir geret habe. den wir bitten dich, das wir van 22
dir horen, was du heldist, den dem sund^{5}lichen lebne
widirsagit man allen enden, und das ist uns bekant.
und do sy im des eynen tag gesatzten, do quamen sy 23
zu im in dy herberge irer vile, den er uzlegete dy
schrifte und bezugete in van dem riche gotis und wisete
an dy schrifte, dy van Jhesu waren uz Moyse e und
uz den propheten, und das tet [684^b] er van dem
morgen bes an den abent. und do geloubten etliche ²) 24
den dingen, dy da van im gesprochen wurden, und dy
andren ingeloubten sin nicht. und do sy nicht eyn- 25
trechtik mit den andren waren, do schiden sy sich van
den andren, also das Paulus sprach eyn wort: den d^5
heilige geist hat durch Ysaiam den propheten ge-
sprochen zu unseren veteren sprechende: ganc zu disem 26
volke: ir w^{5}dit mit uweren oren horen und inw^{5}dit sin
nicht vornemen, und sehende w^{5}dit ir sehen und in-
w^{5}dit sin nicht besehen. den disis volkis h^{5}ze ist vor- 27
vettit und mit iren oren haben sy swerliche gehort,
und ire ougen haben sy zusamen gedruckit, uf daz sy

---

¹) getwng$\overline{e}$.   ²) Am rande.

28

icht mit den ougen segen und mit den oren horten und
mit irme h^{s}zen vornemen und das sye bekart wurden,
28 uf das ich sy gesunt mache. und darum so sy is uch
allen kunt, das das heyl gotis den heyden gesant ist,
29 und sy w^{s}den is horen. und do sich dy Juden van im
geschiden, do hatten sy vile vragen undir in selben.
30 abir do bleyb da Paulus zwey jar in syme geleyte und
31 enpfing alle dy, dy da zu im inquamen, in predigende
das riche gotis und larte sy dy ding, dy van dem
h^{s}ren Jhesu waren, mit allir kunheyt ane ymandis vor-
biten. Amen.

www.ingramcontent.com/pod-product-compliance
Lightning Source LLC
Chambersburg PA
CBHW050129030726
47505CB00007B/2097

*Henczynskis bevorzugung von A ist durch nichts
gerechtfertigt. I steht viermal gegen A in überein-
stimmung mit dem text der lateinischen legende
(v. 373 von dem erwelten hûse (A hove) dîn
= de domo tua; v. 776 der hoveman (A hôhe
man); v. 897 mit sînen knehten îlte vür
(A sîne knehte sante er vür) = praeivit
cum pueris suis; v. 988 des rîches trôn (A
die crône) = gubernacula .. regni); und daß
I(S) auch im übrigen an vielen stellen gegen A das
richtige hat, glaube ich an anderer stelle[1]) genügend
dargetan zu haben.*

*Was nun die lateinische quelle anbetrifft, auf
die sich Konrad v. 19 f. und v. 1390 f. beruft, so lag
nach Janson dem dichter nicht der bei Maßmann
(s. 167 ff.) abgedruckte Bollandistentext $\mathfrak{B}^1$ vor,
sondern eine dem original näherstehende voll-
ständigere fassung *$\mathfrak{B}$. Zwar haben die Legenda
aurea ebenso wie die Gesta Romanorum und Mom-
britius an den betreffenden stellen pluspartien; aber
andere entsprechungen fehlen durchaus, wo sich
Konrad genau an $\mathfrak{B}$ anschließt. Nach Janson sieht
das verhältnis der lateinischen darstellungen, um
nur die wesentlichsten anzuführen, so aus:*

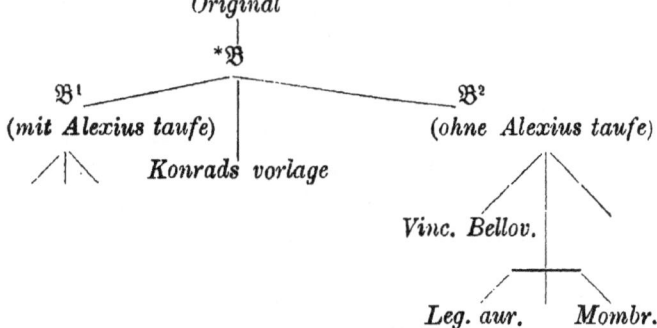

*Fehler, die auf Konrads rechnung kommen, ent-
halten v. 232—234, wo er aus einer gürtelspange*

---

[1]) PBB. 38, 519—525.

(renda) einen hauptschmuck macht, v. 1013, wo
er den dativ Ethio als nominativ auffaßt, v. 1240f.,
wo er den namen der braut Adriatica fälschlich
als attribut zu veste lugubri zieht und daher mit
ríchem purpur wol bekleit übersetzt; v. 431
und v. 638 redet er von zehen jâren, während er
v. 765 richtig sibenzehen hat; endlich schreibt er
v. 826 er sol verscheiden, wo natürlich zu
lesen ist spiritum reddidit. Die genaue ver-
gleichung zwischen Konrad und B, die Janson an-
stellt (s. 29—42), läßt den dichter als einen im hohen
grade von seiner quelle abhängigen, unselbständigen
übersetzer erkennen, dessen kompositionstalent noch
recht unentwickelt ist, der poetisch wenig wirksame
motive breit ausführt und feinere züge bisweilen ver-
gröbert, dessen eigene zutaten sich auf überflüssige,
oft geschmacklose wiederholungen beschränken. Ein-
leitung und schluß zeigen denselben aufbau wie der
Silvester, der darin allerdings breiter ist, und nach-
her der Pantaleon, ja oft den gleichen wortlaut und
dieselben reime.

Geschrieben hat Konrad sein werk auf an-
regung der beiden Baseler bürger Johannes von
Bermeswil und Heinrich Isenlin (v. 1388ff.). Den
letzteren hat E. Schröder[1]) im Baseler urkundenbuch
zwischen 1265 und 1299 mehr als ein dutzendmal
nachgewiesen; unter dem 19. sept. 1288 stehen
Heinricus Isenlinus et Johannes dictus
de Arguel procuratores Hospitalis Basi-
liensis. Die familie des ersteren (aus Bärschwil
im kant. Solothurn) war erst um 1260 nach Basel
gekommen, und zwei brüder hatten das Baseler bürger-
recht erworben. Der jüngere erscheint im urkunden-
buch am 11. juli 1273 als Johannes dictus
de Bermeswilr civis Basiliensis, wird 1280

---

[1]) *Studien zu Konrad v. Würzburg IV—V. Aus*
den nachrichten von der K. gesellschaft der wissenschaften
zu Göttingen 1917, S. 101f.

als gestorben erwähnt; sein tod muß aber schon fünf
jahre vorher erfolgt sein, da am 12. juli 1275 die
witwe Mechtild von Bärschwil erwähnt wird, offen-
bar seine gattin. Als nachbarsleute in Binningen
werden die familien Isenlin und Bärschwil in ur-
kunden von 1299 und 1314 bezeichnet. Konrads
dichtung muß also vor juni 1275 gedichtet sein;
das stimmt zur ansetzung des älteren Silvester, für
den als spätester termin der herbst 1274 gefunden
wurde.

In den anmerkungen zu dem nachfolgenden texte steht vor dem gleichheitszeichen die lesart unseres textes (mit angabe der handschrift), die, wo sie von dem texte Henczynskis abweicht, mit einem stern versehen ist; in diesem falle sind in klammer die namen hinzugefügt, wenn die lesarten von anderen herrühren (H = Haupt, Sch = Schröder, R = Rosenhagen). Hinter dem gleichheitszeichen finden sich die lesarten der übrigen handschriften, wobei die von unserem text etwa abweichende lesart Henczynskis durch beigefügtes He gekennzeichnet ist. Die lesarten der ausgabe Haupts, der in der hauptsache I folgt, sind nur dann besonders angegeben, wenn sie bemerkenswert sind. Rein orthographische eigentümlichkeiten der handschriften sind im allgemeinen nicht berücksichtigt.

ALEXIUS

Got, schepfer über alliu dinc,
sît daz der wîsheit ursprinc
von dir fliuzet unde gât,
sô lâ mir dîner helfe rât
5 zuo vliezen und die sinne sleht,
daz ich geprîse dînen kneht,
und ich des leben hie gesage
der alsô lûter sîne tage
in dîme dienste wart geseheu.
10 sîn lop durliuhteclîche enbrehen
muoz von wâren schulden.
er hât nâch dînen hulden
geworben alsô vaste
daz in der êren glaste
15 sîn name sol erschînen.
dâ von sô lâ mir dînen
wîsen rât ze helfe komen,
sô daz sîn leben ûz genomen,
daz in latîne stât geschriben,
20 werde in tiusch von mir getriben
alsô bescheidenlîche nu
daz dâ von geprîset du

1—56 *fehlen S.* 2 daz = das das *J, fehlt A.* 4 lâ *A*
= läs *J.* 8 alsô *J* = alz *A u. so ö.* 10 Sîn lop = dîn
l. *A*, sin lip *J.* *durliuhteclîche enbrehen (*Sch*) = dur
lůchteklichen enpfelchen *J*, durnehteclîche enbr. *A* (*He*).
14 Daz *J* = swaz *A.* 18 Sô daz = so waz *A*, das ich *J.*
20 in tiusch = zvo tusz *A, fehlt J.* 21* bescheidenlîche
(*H*) = -lich *J*, -lichen *A* (*He*).

werden müezest unde ouch er.
sîn hôher name was dâ her
25 sô vremde gnuogen liuten.
nu wil ich iu betiuten
unde entsliezen die getât
die der vil sældenrîche hât
begangen ûf der erden,
30 durch daz gebezzert werden
müg eteswer von sîner tugent.
wan swer daz leben sîner jugent
durnehteclîche merket,
der mac dâ von gesterket
35 an guoter sache werden hie.
des sældenrîchen leben ie
macht ander liute sældenhaft.
er gap in edel bîschaft
und ein sô nützez bilde
40 daz in diu sünde wilde
wart von gotes lêre.
dâ von hab ich nu sêre
mînen muot geleit daran
daz ich gesage von einem man
45 der hæte gar ein heilic leben,
durch daz sîn tugent müeze geben
den liuten hôhe sælikeit
den hie sîn leben wirt geseit

---

23 müezest (mügest *H*). 25 Sô vremde gnuogen *A*
= ze fromde gnûg-den *J*. 26 iu = uch *AJ*. 28 sælden-
rîche *A* = sâldriche *J*. 29 f. erden: werden *J* = erde:
werde *A*. 31 eteswer *J* = etzwas *A*. 33 *Durnehteclîche
= durchn. *A* (*He*), durch nätteklichen *J*. 35 *fehlt J*. sache
= sachen *A*. 36* Des sældenrîchen leben *J* (*R*) = der selden
riche lebete *A* (*He*; der sældenrîchen leben *H, Sch*). *J schiebt
nach 36 ein* gebrast an dē jûglin nie. 37 Macht = und
m. *AJ*. sældenhaft *A* = sældeschafft *J*. 38 Er (ez *H*).
42 *A schiebt* so *hinter* von *ein.* 44 gesage *A* = ŭch
sage *J* (iu sage *Sch*). 45 heilic *A* = sâlig *J*.
46 Durch . . . müeze *A* = dem . . . hat *J*. 48 hie sîn *A*
= den dz *J*.

und daz lobelîche dinc,
50 wie der vil kiusche jungelinc
beleip der houbetsünden vrî.
swer nu sô reines muotes sî
daz er mit willen hœre sagen
daz wunder sînes lebetagen,
55 der sol mit vlîze bieten her
sîn ôren und des herzen ger.
   Ze Rôme ein edel herre was
der in sîn reinez herze las
milt unde ganze erbermekeit.
60 grôz wunder was ûf in geleit
rîchtuomes unde wirde.
sîn muot und al sîn girde
vor schanden lûter wâren.
er diente in sînen jâren
65 mit vlîze dem vil werden gote
und wolte gerne sîme gebote
wesen iemer undertân.
er was genant Eufêmiân
und wielt getriuwes muotes.
70 vil êren unde guotes
het er in sîner hôhen pflege.
weiz got, im dienten alle wege

50* vil *fehlt AJ (He).*   51 Beleip *J* = bleip *A.* der
houbetsünden *A* = den höbt sünden *J.*   52 Swer nu *A*
= wer nvn *J.*   54 *liest J* Das er sine lebtagen.
57 edel *A* = edler *J.* was *A* = sass *JS.*   59* milt unde
(*Sch,* milte und *He).* erbermekeit *A* = erbarmhercykait *J,*
barmherczikait *S.*   60 Grôz *AS* = ain *J.* was ûf in geleit
AJ = hat gott an in geleit *S.*   61 Rîchtuomes unde wirde
AJ = von richtûm und von wird *S.*   62 al sîn girde *A*
= sin begirde *JS.*   63 Vor *A* = an *JS.* lûter *AJ* = gar
l. *S.* wâren *A* = warend *JS.*   64 diente *AJ* = dienot *S.*
in *JS* = im *A.*   65 vil werden *AJ* = allmechtigē *S.*
66 sîme *A* = sinen *J.* *In S lautet der vers* vnd wz ŏch
sinem gebott.   67 Wesen iemer *AJ* = alle zit *S.*   68 ge-
nant Eufêmiân *A* = gehaissen eufannon *J,* genempt e. *S.*
69 wielt *AJ* = was *S.*   70 unde *AJ* = vnd vil *S.*
71—73 *fehlen A.*   71 Het *J* = hatte *S.*   72 Weiz got
fehlt S. dienten = diente *J,* dienoten ŏch *S.*

driu tûsent vrouwen unde ouch man,
die purpur unde sîden an
75 truogen bî den jâren
und umbegürtet wâren
mit rîchen borten guldîn.
er muoste liep dem keiser sîn,
wan er in sînem palas
80 der oberst und der beste was
des er dô bî den zîten wielt.
sîn hûs er mileclîche hielt
nâch der wâren schrifte sage.
drî tische wurden alle tage
85 bereit den armen drinne.
die wâren gotes minne
truoc sîn tugentrîcher lîp.
ouch hæte er ein vil sælic wîp,
diu was Agleis geheizen
90 und kunde in wol gereizen
ûf milten unde ûf reinen muot.
si was liutsælic unde guot,
bescheiden und verwizzen.
ir tage si verslizzen

---

73. ouch *fehlt S.* 74 f.* purpur unde sîden an Truogen
bî den jâren (*Sch*) = hattēt p. vñ s. an trûgend bi den j. *J,*
semit vñ siden an trûgent by den j. *S.* pfelle und sîden
truogen an Bî den selben jâren *H, He nach A.* 76 um-
begürtet *A* = vmb gurt *J,* vm̄ gegûrtet *S.* 77 rîchen *AS*
= siden *J.* 78 muoste *JS* = mveste *A.* sîn *fehlt J.*
79 in sînem *JS* = sinen *A.* 80 oberst *AS* = obrost *J.*
beste *JS* = liebeste *A.* 81 Des *A* = das *JS.* *dô bî den
zîten *JS* = dâ bî der zîte *A* (*He*). 82 mileclîche *AJ*
= wirdenklichen *S.* 83 schrifte *A* = geschrift(e) *JS.*
84. Drî *A* = die *JS.* wurden = wirden *AJ,* warent *S.*
85* drinne = dinne *A* (*He*), dar inne *S,* kinden *J.*
86 wâren *S* = ware *A,* da warēt *J.* minne *AS* = mī̄ner *J.*
87 Truoc *JS* = tuot *A.* tugentrîcher *A* = tugēthaffter *J,*
minnenklicher *S.* 88 hæte = hette *A,* hett *J,* hatt *S.*
vil *fehlt S.* 90 Und ... gereizen *AJ* = die ... geheissê *S.*
91* reinen *J* = hôhen *A* (*He*). *S liest den vers* vñ milte
vnd vff barmherczikeit gût. 92 guot *AJ* = reines mût *S.*
93 verwizzen *AJ* = gewissen *S.* 94 si *AS* = hett si *J.*

95 het in ganzer reinikeit,
    wan ir herze was geleit
    an got vil harte sêre.
    in beiden guot und êre
    was gegeben und beschert.
100 iedoch het in daz vröude erwert
    daz si wâren âne kint,
    diu rîcher liute wunne sint
    unde ir spil ûf erden hie.
    daz reine wîp enhæte nie
105 sun noch tohterlîn getragen.
    daz hôrte man si beide klagen
    dicke sunder allen spot.
    si gâben durch den werden got
    almuosen rîlich alle stunt
110 dar umbe daz in würde kunt
    von sînem trôste ein kindelîn,
    daz noch ein erbe solte sîn
    der hôhen gülte manicvalt
    der wunder was in ir gewalt.
115   Nu wolte si des got gewern
    des ir gemüete kunde gern

---

95 Het *J* = hetten *A*, hatten *S* (hæte *H*). in ganzer
reinekeit *AS* = gar jn rainer stâtikeit *J*.   96* Wan *S* =
wō *J*, vnn *A* (wande *He*).   97 sêre *AJ* = vn̄ s. *S*.
98 In *AS* = ir *J*.   99 gegeben *AS* = geb̄n *J*.   100 het
J = hette *A* (hæte *H*), hatte *S* (*so in der regel*). in *AJ*
= inen *S*.   *daz fehlt A* (*He*).   102 liute *AJ* = lûten *S*.
103 erden *AS* = erde *J*.   104 reine *fehlt J*. nie *AS* =
noch nie *J*.   106 *liest S* Dz warent irer herczen grosse
clagē.   107 *liest A* dv zwei sunder ane spot, *S* Dar dar hattē
si grosse nott. allen = alle *J*.   108 Si ... werden *J* = sv ...
richen *A*. *S liest* Vnd gabent grosse allmūsen durch gott.
109 Almuosen *A* = billich alm. *J*, alle zit vnd *S*.   110 *A liest*
Der umbe laze in werden kunt.   111* sînem *JS* = sîme
A (*He*).   114 wunder ... gewalt *A* = wunsch ... gezalt *J*.
Der vers fehlt in S, das 16 verse einschiebt (*vgl. He anm.*)
115 des got *AS* = got des *J*.   116 Des *A* = das *J*, dz *S*.
gemüete *AS* = mût *J*. kunde gern *AJ* = von n̄n̄ was
gerē *S*.

gar inneclichen zaller zît.
er liez ir edel herze sît
ervröuwet werden unde ir leben.
120 in wart ein schœner sun gegeben
von gotes helfe sâ zehant;
der wart Alexius genant
und het vil schiere an sich genomen
den rîchen und den hôhen vromen
125 daz er begunde minnen
mit herzen und mit sinnen
den wâren got vür alliu dinc.
er was ein sælic jungelinc
an lîbe und an gebâre.
130 der edel und der klâre
zuo der schuole wart geleit
und hæte in sîner kintheit
enpfangen schiere die vernunst
daz er von götlicher kunst
135 wart vil unmâzen wîse.
mit lobelichem prîse
gezieret stuont sîn reiniu jugent.
er was ein spiegel rîcher tugent
und aller êren bluome.
140 wer möhte alhie mit ruome
durgründen ouch sîn hohez leben?
im hæte got den wunsch gegeben

---

117 Gar inneclichen = gar inneclicher *A*, als n̄n̄klich *J*,
also wunn̄eklich *S*. 119 werden *AS* = wurd *J*. 120 gegeben
A = geb̄n *J*; *vers lautet in S* Wann in̄ schier wart geben.
121 gotes helfe sâ zehant *A* = siner helffe do zehand *J*, sinem
trost ein kindelin *S*. 122 *fehlt S, das 27 verse einschiebt*
(*vgl. He anm.*) 123 *u.* 124 *in A umgestellt.* 123 Und het
JS = het er *A*. vil schiere *fehlt JS*. 125 *S schiebt da nach*
er *ein.* 128* was = wz *S*, wart *AJ* (*He*). 129 gebâre
AS = gebârde *J*. 129—152 *fehlen S*. 130 edel *A* =
werde *J*. 131 geleit *A* = gelert *J*. 133 schiere *fehlt J*.
vernunst *A* = vernunft *J*. 134* götlicher (göttelicher *He*).
138* was = wz *J*, wart *A* (*He*). rîcher *A* = aller *J*. 140
mit *fehlt J*. 141 *Durgründen = durchgr. *AJS* (*He*). ouch
A = ůch *J*. 142 wunsch gegeben *A* = wunsche geb̄n *J*.

ûz erwelter dinge.
dem werden jungelinge
145 wart alliu schande wilde.
er hæte ein klârez bilde
und eine lûter angesiht.
an im brast aller sælden niht
die man ûf erden haben sol.
150 sîn herze sam ein heizer kol
in der gotes minne bran.
daz schein im in der jugent an
vil ûzer mâzen vrüeje.
man seit, swâ tugent blüeje,
155 daz dâ vil rîcher sælden vruht
beginne wahsen mit genuht.
 Diz wart an im bewæret wol:
sîn herze was der tugende vol,
dâ von sîn lîp gar sælic wart.
160 ein maget rîch von hôher art,
diu von keisers künne was,
wart im ze wîbe, als ich ez las,
gegeben in der kintheit.
doch wizzent daz er si vermeit
165 und er si kiusche lie bestân.
si was nâch wunsche wol getân
und ûzer mâzen schœne.
mit lobe ich iemer krœne

---

145 Wart alliu schande *A* = vor aller schanden *J*.
147* eine lûter = ein luter *AJ* (eine lûtere *He*).   148 brast *A*
= brist *J*.   149* erden (*H, Sch*) = erde *A* (*He*), *fehlt J*.
152 in *A* = an *J*.   153* ûzer mâzen *S* = vss der massen *J*,
ûzer mâze *A* (*H, He*). vrüeje = vrœge *A*, frûge *S*, frûe *J*.
154 swâ = wâ *A J S*.   158 was *AS* = ward *J*. tugende *A*
= tugēd *J*, tugenden *S* (*ebenso* 185. 209).   160 maget *A*
= magt *JS*.   161 was *fehlt S*.   165 Und er si *AJ* =
Vnd si da *S*. kiusche lie bestân *AS* = künsch liess bestōn *J*.
166 nâch *AS* = vō *J*.   167* ûzer mâzen *S* = vss der
mässen *J*, ûz der mâze *A* (*He*, ûzer mâze *H*).   168 *JS
schieben* si *hinter* ich *ein*.

ir werdez leben unde ir lip.
170 si wart im als ein êlich wîp
gemehelt in dem tempel sus,
dâ sante Bonifâcius,
der marteræne gnædic, ist,
vil werder priester, wizze Krist,
175 ze samene gâben si des tages.
des wart an vröuden vil bejages
enpfangen in der veste wît,
wan dâ geschach ein hôchgezît
diu rîlich unde schœne was.
180 diu brût ûf einem palas
des nahtes eine dâ beleip,
dô man den tac vil gar vertreip
mit wunne und mit geræte.
Alexium den hæte
185 bevangen hôher tugende schîn.
Eufêmiân, der vater sîn,
hiez in dô minneclichen gân
zuo der megde wol getân
ûf die kemenâten hin.
190 lieplichen sprach er wider in:

---

170 êlich *AJ* = selig *S.* 171 Gemehelt *A* = ge-
mächelt *J* (gemahelt *H*), gegeben *S.* sus *A* = hus *JS.*
172 Dâ *JS* = do *A* (*so fast immer*). 173* marteræne
gnædic (*Sch*) = marterer gnedic *A*, martrer gn. *JS* (mar-
teræne genædec *He*). 174* werder *JS* (*Sch*) = werde *A*
(*He*). wizze *A* = wise *JS.* 175 ze samene = zvo sa-
mene *A*, ze samēd *J*, ze samē *S.* 176 an vröuden vil
bejages *A* = der frôdñ vil bejaget *JS.* 177 Enpfangen
AJ = vnpfangē *S.* 178 hôchgezît *A* = hohzit *JS.*
179 rîlich *AS* = rich *J.* *S schiebt 6 verse ein* (*vgl. He anm.*)
180 einem *J* = einen *A.* *S liest* Die schône brut uff einem
schônen pallas. 181 eine *A* = einig *S, fehlt J.* beleip *JS*
= bleip *A.* 183 wunne *JS* = wunen *A.* 184 Alexium
den *A* = Alexius der *J* (*H*), Allexius *S.* 185 Bevangen
AJ = vm̄evangê *S.* hôher *AS* = hoh *J.* 187 Hiez *AJ*
= hie *oder* lie *S.* *dô fehlt A J S* (*He*). *minneclichen (*H*,
minnenclichen *He, so immer*). 188 megde *AS* = magte *J.*
189 Ûf *AJ* = in *S.* 190 Lieplichen *A* = lieplich *JS.*

'sun, vil herzeliebez trût,
ganc unde schouwe dîne brût
in daz gaden wünneclich.'
mit disen worten huop er sich
195 ûf den palas sâ zehant,
dar inne er wol gezieret vant
die werden keiserlichen vruht.
an ir lac schœne bî der zuht
und ûz erweltiu stæte.
200 si was mit rîcher wæte
bekleit nach wunsche garwe.
ir minneclîchiu varwe
gap durliuhteclichen schîn.
si was gar edel unde vîn
205 an lîbe und an gebâre.
diu sælig und diu klâre
geblüemet wol mit êren saz.
Alexius dô niht vergaz
der tugende der sîn herze wielt.
210 rein unde kiusche er sich behielt
vor allen houbetsünden,
wan in begunde enzünden
diu wâre gotes minne:
diu lac in sînem sinne

---

191 herzeliebez *A* = herczlieber *J*, liebes herczê *S*.
192* unde = vnn *A*, vñ *S*, vff *J* (und *He*).   193 gaden
JS = gadem *A*. *wünneclich *so immer* (wunnenclich *He*).
195 sâ *A* = do *J*, da *S*.   197 werden keiserlichen *J* =
werde keiserliche *A*, uil keyserlichē *S*.   200 Si *AS* =
vnd *J*.   201 nâch *AJ* = mit *S*.   garwe *AS* = wäte *J*.
202 *S schiebt* gar *nach* ir *ein*.   203 *durliuhteclichen =
durchliuhteclichen *A* (*He*), durchluchtigen *J*, durchlûchten *S*.
204 unde *A* = und gar *JS*.   205 gebâre *AS* = gebârde *J*.
206 klâre *AS* = werde *J*.   207* wol *JS* (*H*) = gar *A*
(*He*).   208 dô *S* = da *A*, der *J*.   210 sich *AJ* = si *S*.
211 allen houbetsünden *AS* = alle höbt s. *J*.   212 Wan
AS = wō *J*.   214* in sînem *J* = in sîme *A* (*He*), im in
dem *S*.

215 brinnend unde glüejende.
alsam ein rôse blüejende
vor im saz diu guote.
dô wart im des ze muote
daz er sich von ir lîbe schiet
220 und ir daz aller beste riet
des er gevlîzen kunde sich.
mit süezen worten minneclich
begunde er si daz lêren
und ûf den willen kêren
225 daz si bestüende kiusche.
er warf ir daz getiusche
der trügelichen werlte vür
und seite ir daz man gar verlür
ze jungest an ir lône.
230 dar nâch sô gap er schône
ein vingerlîn der süezen dar
und ein gezierde liehtgevar,
daz si nâch dem lantsite
bedecken solte ir houbet mite,
235 daz adellîche was gestalt.
'gemahel', sprach er, 'diz behalt

---

215 Brinnend unde glüejende = so brinnēt vn̄ so glü-
gende J (H!), sere brŭnnent vnd blŭyent S, brennende u.
gl. A.   216 Alsam A = sam so J, recht als S (sam H).
ein rôse blüejende AJ = die rosen tugent S.   217 im
(ime Sch).   218 des fehlt JS.   219 libe fehlt S. Nach
220 schiebt S 129 verse ein (vgl. He anm.).   223 daz AJ
= do S.   225 bestüende AJ = belibe S.   226 daz ge-
tiusche A = dz zŭ tusch J, fûr das g. S.   227* trüge-
lichen (H) = trvgenlicher A, trugenlichen S, trurigen J
(trügenlichen He).   228 daz man gar J = manger A, das
man ze iungst S.   229 liest S an der Welt lone.
230 sô A = do J, fehlt S. er schône A = er jr sch. J, er
ira uil sch. S.   231 der süezen AJ = öch dar S.
232 gezierde liehtgevar AJ = stuchen liechtuar S.   233 dem
lantsite AS = dē sitten J.   234 liest J jr höbt täkte da
mitte, S ir höbet solte b. m.   235 adellîche = adelich AJ,
adelichen S.   236 diz A = daz JS.

die wile ez gotes wille sî.
der müeze uns beiden wonen bî
und zwischen uns belîben gar.'
240 hie mite schiet er sünden bar
von ir unde meines blôz.
durnehtic, michel unde grôz
wart sînes herzen riuwe.
der süeze und der getriuwe
245 ein teil dô sînes guotes nam.
mit dem sô kêrte er unde kam
tougenlîche sînen wec.
gar stæte wolte er unde quec
belîben an dem dienste gotes
250 und iemer gerne sîns gebotes
volgen ûf der erde.
der edel und der werde
saz ûf daz mer in einen kiel
und vuor, als ez im wol geviel
255 und als in dô sîn wille bat,
vil schiere zeiner schœnen stat,

---

237 sî *AS* = sig *J*.   238 müeze *A* = mûs *JS*. beiden
S = beden *A, fehlt J*.   239 zwischen uns belîben *S* = bi
vns bliben *A*, kûnsche bi vñs belibñ *J* (kiusche bî uns
blîben *H*).   240 *S schiebt* do *hinter* mite *ein*. sünden =
svnder *A J S*.   241 unde meines = vnmeines *A*, vnd main
was *J*, alles meines *S*. blôz *AS* = lös *J*.   242 Durnehtic
J = dvrhnechic *A*, durchnechtig *S*.   243 riuwe *J* =
truwe *A*. *S liest* wz im do r.   245* dô *J* (*H*) = er *A*
(*He*), *fehlt S*.   246* sô *J S* (*H, Sch*) = da *A* (dô *He*).
247 Tougenlîche = tvgentlichen *A*, tugēdlich *J*, dögen-
lichen *S*. wec *AS* = weg- *J*.   248 stæte wolte er *AS* =
stäter voller *J*. quec *A* = pfleg- *J*, kek *S*.   249 Belîben
JS = bliben *A*. an *AS* = jn *J* (*H las* 247 *ff* .. sîne wege.
gar st. wolte er in der pflege belîben und dem dienste
gotes).   250 gerne *fehlt S*. sîns *AS* = sîn *J*.   251 erde
AJ = erden *S*.   254 als ez im wol geviel *AJ* = uff das
mer als es im danne geuiel *S*.   255* Und als in *JS* =
und im *A* (und in *He*). dô *fehlt S*.   256 schœnen *AS* =
schöner *J*.

die nennet man Laudâtiâ.
doch was er niht ze lange dâ,
wan er zehant von dannen schiet.
260 sîn edel herze im dô geriet
daz er hin kêrte zeiner stift,
diu ist geheizen an der schrift
bescheidenlîche Edissâ.
diu selbe stat in Syriâ
265 lît, daz sagent uns diu buoch.
dâ was gedrucket in ein tuoch
daz bilde Jêsu Kristes,
gar îtel arges listes
und âne menschen werc gemaht.
270 ouch stuont ein münster vil geslaht
gezieret dâ vil sêre.
in sant Marîen êre
gewîhet ez vil schône was.
in dirre veste, als ich ez las,
275 Alexius sich nider lie
mit reinem willen unde gie

---

257 *A schiebt vor* die *ein* kam. *Die (diu *H, He*).
ennet man Laudâtiâ = hiez landantia *A*, nemet mā laudatia *J*,
nn. m. lauducia *S*.   258 was *AJ* = beleib *S*. ze *fehlt S*.
259 dannen *AS* = daña *J*.   *A liest den vers* von dannen
schiet er sich sa.   260 *fehlt A.* im dô geriet *J* = nñe
das riett *S*.   261* Das er hin kêrte = vnn kerte hin *A*,
daz er kêrte *JS* (*He*). stift *AJ* = gestift *S*.   262* ist *JS*
= wirt *A* (*He*). an der schrift *A* = in der geschrifft *JS*.
263* Bescheidenlîche *A* (*H*) = bescheidenlichê *S* (bescheiden-
lichen *He*), bescheidenlich *J*. (*Es wird übrigens ein für
allemal bemerkt, daß die bezeichnung der endungen -e, -em
oder -en in JS oft unsicher ist oder überhaupt vermißt wird*).
Edissâ *AJ* = edissia *S*.   264 Syriâ *A* = sirean *J*, Kyria *S*.
266 gedrucket *AJ* = gemalet *S*. in *AJ* = an *S*.   268 Gar
îtel arges = stat i. a. *A*, gar i. karges *J* (*H, Sch*), gar
vil a. *S*.   269 âne *AS* = ön *J*. werc *AJ* = hant *S*.
270* vil *fehlt AJ* (wol *He*).   272* sant *JS* = sancte *A*
(sanct *He*).   273 Gewîhet *A* = gewicht *J*, gewichet *S*.
274 ez *fehlt J*.   *In S lautet der vers* in der statt.
275 *S schiebt da vor* nider *ein*. lie *A* = lies *JS*.   276 unde
AS = er *J* (er dâ *H*).

ze kirchen aller tegelich.
er quelte mit gebete sich
den âbent und den morgen.
280 in riuweclichen sorgen
wart daz herze sîn begraben.
ein swachez kleit vil gar beschaben
daz leite an sich der jungelinc.
daz edel und daz reine dinc
285 daz er von guote brâhte dar,
daz gap enwec der süeze gar
den armen liuten unde enpfie
mit in daz almuosen hie
vil jæmerlichen alle stunt.
290 im wart vil manic breste kunt
an spîse und an gewande.
nu daz er von dem lande
was vil tougenlîche komen
und daz ze Rôme wart vernomen
295 daz er sich hæte enwec gehaben,
dô wurden sîne vriunt begraben
in jâmer unde in manger nôt.
si wâren alle an vröuden tôt

277 *J liest den vers* ze kilchen alle tăglich, *S* ze der
kilchen also tögenlich.   278 quelte *A* = zögte *J*, übte *S*.
280 In *AS* = ir *J*.   sorgen *A* = orden *J*.   *S liest den vers*
In andacht vn̄ mit sorgen.   281 *liest S* Dar in wz dz
hercze hercze sin begraben. 282—283 *fehlen J*.   282 vil
fehlt S.   283 leite *A* = nam *S*.   jungelinc: dinc *A (J)* =
jŭnglinge: dinge *S*.   285 Daz *AJ* = was *S*.   286* süeze S.
= guote *A (He)*. *J liest den vers* Das gab er willeklichen
dar (dar *auch S*).   287 enpfie *AS* = enpfing *J*.
289 jæmerlichen *AS* == gemeinlich *J (H)*.   290 Im *AS* =
in *J*.   breste *AJ* = gebreste *S*.   292 Nu *A* = nvn *JS*.
293 vil *fehlt S*.   tougenlîche = tougenlich *A*, tögen-
lichê *J*, tögenlichen *S*.   295 hæte enwec *A* = enwege
hat *J*, enweg hatte *S*.   296 wurden = wirden *A*, wurdent
JS (*so meist 3. p. pl.*) *S schiebt da hinter* fründe (vriunt)
ein.   297 in *AJ* = mit *S*. *manger *S* = menger *J*, ma-
niger *A* (maneger *He*).

dur sîue leiden hinevart.

300 der vater sîn von hôher art
hiez in dô suochen alzehant.
vil boten wart nâch im gesant,
der kam ein teil z Edisse
und sâhen in gewisse

305 dâ sitzen bî den armen.
si liezen sich erbarmen
den kumber sîn vil tiure.
des gâbens im ze stiure
ir almuosen sâ zehant,

310 wan er was in unbekant
an lîbe und an gebærde.
in hæte alsô beswærde
entschepfet und der breste sîn
daz in niht mohte werden schîu

315 daz bilde sîn ze rehte.
doch wâren im die knehte
und die boten alle kunt,
wan er bekande bî der stunt
ir namen unde ir leben wol.

320 vür wâr ich iu daz sagen sol
daz er ze himelrîche sach
und gar inneclichen sprach:

---

299 Dur *J* = durch *AS*. *sîne leiden (*H*) hinevart (*Sch*)
= sin laiđn hinfart *J*, siner leiden hinvart *S*, sine leide
hinvart *A* (*He*).   301 dô *fehlt S*. alzehant *AJ* = all da
zeh. *S*.   302 wart nâch im *AJ* = wurdent uss.   303 kam
AJ = kament *S*.   305 Dâ *von S an den schluß der vorher-
gehenden zeile gesetzt*.   308 Des *A* = do *JS*. *gâbens im
ze stiure (*H*) = gabencz in ze st. *J*, gaben si im ir st. *A*
(*He*), gabent si im st. *S*.   309* Ir almuosen *JS* = und
ir alm. *A* (*He*). sâ zehant *A* = da zeh. *S*, zeh. *J*.
310 in *AJ* = iñe *S*.   312 alsô *AS* = sin *J*.   313 breste *A*
= gebreste *J*, grosse gebr. *S*.   314 schîn *JS* = sin *A*.
315 Daz *fehlt A*. sîn *JS* = kunt *A*.   316 Doch . . . im
AJ = do . . . iñe *S*.   317 kunt *AJ* = wol k. *S*.
318 *S schiebt* si *vor* bî *ein*.   320 iu *J* = veh *A, fehlt S*.
321* ze *JS* (*H, Sch*) = gen *A* (*He*). *S schiebt* uff *vor* sach
ein.   322 *fehlt A*.

'got herre in dîner magenkraft
almehtic unde wunderhaft,
325 gnâd unde lop sî dir geseit,
daz in der hôhen sælekeit
betaget hiute sî mîn leben,
daz mîne knehte mir gegeben
hânt ir almuosen hie.
330 die mir dâ heime wâren ie
mit dienste willeclichen bî,
die sint nu rîcher danne ich sî.
des wil ich danken, herre, dir;
swes du begunnen hâst mit mir,
335 daz lâ mit sælden und mit vromen
an mir ouch ûf ein ende komen.'
    Die rede treip Alexius.
die boten wider heim alsus
kêrten an den stunden.
340 daz si niht hæten vunden
den ûz erwelten an der zît,
daz seiten si ze Rôme sît
den vriunden und dem vater sîn.
des wart ir herzeclicher pîn
345 von schulden bitter unde tief.
sîn muoter in ein gaden lief,

325* gnâd unde *A J S* (*Sch*; genâde und *He*).   327
hiute sî *A J* = si hûtt *S*.   328 gegeben *A* = geben *J S*.
329 Hânt *von S* an den schluß *der vorigen zeile gesetzt*.
330f. *liest S* die mir mit dienst warent by.   331 *willec-
lichen *J* = willeclîche *A* (*He*).   332 *danne (*H*) = dan *A*
(*He*), dēn *J*, denne *S*.   333 danken herre *A J* = herre
danken *S*.   334 Swes *A* = wes *J*, was *S*. begunnen
hâst mit mir *A S* = begmēt hest zů mir *J* (ze mir *H*).
335 lâ *A J* = las *S*.   336 An . . ouch *fehlt* S. *S setzt*
gůtt *vor* ende *und schiebt 10 verse nach 336 ein.*   337
liest S Do die red getreib *A*.   338 heim *A S* = hain *J*.
339 den *A S* = der *J*.   340 Daz *A J* = do *S*.   343 dem
J S = den *A*.   344 Des wart *A* = das was *J*. herzec-
licher = herzecliche *A*, herzeliche *J*. *S liest* Des leid ir hercz
vil grosse pin.   346 gaden *J* = gadem *A*, kamer *S*.

in dem si nahtes allez lac.
si spreite nider einen sac,
dar ûf si klegelichen saz.
350 ir ougen wurden schiere naz
von sorgen und von leide.
ir blanken hende beide
begunde si dô winden.
si zarte von den linden
355 wangen daz vil rôte vel.
ein stimme gar unmâzen hel
mit jâmer ûz ir munde vuor.
bî gote si vil tiure swuor
daz si niemer kæme
360 von dan, ê si vernæme
diu rehten wâren mære,
wâ hin komen wære
Alexius, ir liebez kint.
diu sorge wart ân underbint
365 versigelt in ir muote
dar umbe daz der guote
gescheiden was von ir alsô.
diu reine, sîn gemahel, dô

---

347 allez *AJ* = inne *S*.　　348 *liest S* Si gab ir herczê
mangen schlag.　　349 klegelichen *J* = clagenlichen *A*.
S liest Wann si da uil cleglichē sas.　　352 blanken *AJ*
= liechten *S*.　　353 *Begunde *J* = begonde *AS* (*He*).
winden *AS* = vinden *J*.　　354 linden *JS* = linde *A*.
356 gar unmâzen *A* = gar uss mässe *J*, usser massen *S*.
357 ûz ir *AJ* = usser irem *S*.　　358 *vil *JS* (*H, Sch*)
= dô *A* (*He*). swuor *AS* = schûr *J*.　　359 Niemer *AJ*
= da n. dar us *S*.　　360 Von dan ê si *AJ* = e dz si *S*.
361 wâren *AS* = ware *J*.　　362 *liest S* Wa der zart
were.　　363 *J schiebt* vil *vor* liebez *ein*.　　364 wart
A = weret *S, fehlt J*. ân *AS* = ir *J*.　　365 in ir = in
irn *A*, in irem *S*, an jr *J*.　　367 *ir *J* (*H, Sch*) = ira
S, in *A* (*He*). alsô *AS* = alsus *J*. *J liest statt* 368 Das wz
jr grösser jamer sus Do dù raine sin gemachel do Ir klag-
sprach also.

sprach ir sweher zuo mit klage:
370 'nu wizzest, herre, daz ich trage
den stæten willen iemer
daz ich gescheide niemer
von dem erwelten hûse dîn,
ê daz ich von dem vriunde mîn
375 die rehten wârheit hie vernime.
ich arme trûren sol nâch ime
sam sich diu turteltûbe quelt,
diu kein ander liep erwelt
swenne ir trût gevangen wirt.
380 si mîdet iemer und verbirt
aller grüenen böume zwî
und wont dem dürren aste bî
mit jâmer und mit sender klage.
reht alsô wil ich mîne tage
385 die vrischen wunne vliehen
und mich ze sorgen ziehen
die mîn gemüete derrent
und allen trôst versperrent
vor mînem armen herzen.
390 ich muoz vil strengen smerzen
lîden unz ich hœre jehen
waz mînem vriedel sî beschehen,

---

369 Sprach *fehlt* J.   370 wizzest AJ = wûssêt S
(wizzet H).   371 stæten JS = besten A.   373 er-
welten AJ = werdē S. *hûse JS (H) = hove A (He).
374 vriunde AJ = fridel S.   375 rehten JS = rechte A.
hie *fehlt* S.   376 *liest* J wän ich truren sol nach jm,
S von dem liebē gemachel min.   379 Swenne AJ =
wenn S.   380 mîdet AS = mident J.   381 grüener
AJ = grünen S.   384 Reht alsô JS = rehte alz A.
385 *vrischen S (H, Sch) = frische J, schœne A (schœnen
He).   386 mich ze sorgen ziehen A = zŭ den sorg zŭ.
J, den sorgen zŭ z. S.   389 Vor AS = vō J. mînem
AJ = mime S.   390 muoz AJ = *fehlt* S.   391 S *schiebt*
das *nach* unz *ein*.   392 Waz AJ = wie S. vriedel JS =
vrisel A. beschehen AJ = geschech S.

dem süezen und dem reinen.
ich wil iu iemer weinen
395 die wîle unz ich daz leben habe,
ist er des lîbes komen abe.'
    Sus wart Alexius geklaget
von der vil keiserlichen maget
diu sîn gemahel worden was.
400 diu muoter sîn ze herzen las
und ouch sîn vater swæren sin.
ir hôher muot der was dâ hin
unde ir vröudenrîcher hort.
ir lieber sun der leit ouch dort
405 in gotes dienste mange nôt.
almuosen unde betelbrôt
was sîn lîpnarunge.
sîn ûz erweltiu zunge
z aller zîte pflac gebetes.
410 beide wînes unde metes
wênic tranc sîn kiuscher munt.
er was biz ûf der sêle grunt
mit gotes dienste ervüllet gar.
bleich und jæmerlîche var
415 begunde in sorge machen.
vil vasten unde wachen
sach man den reinen gotes kneht.
in dûhte billich unde reht

---

394 Ich wil in *AJ* = den wil ich *S*.   395 unz *A* =
und *S*, *fehlt J*.   398 vil *fehlt JS*.   400 ze *AS* =
vō *J*.   401 ouch *fehlt S*. sîn — swaeren *JS* = sins —
swerer *A*.   402 der *fehlt J*.   404 Jr lieber sun der
AJ = Allexius *S*.   405 mange *A* = mēge *J*, manig *S*.
406 betelbrôt *J* = betteln brot *A*, bettebrot *S*.   407 sîn
lîpnarunge *A* = sins libs n. *J*, sines libes n. *S*.   409
liest S Pflag ze allen zittē gebetes. zîte *J* = zit *A*.   410
liest J baide tages vn̄ nachtes *J*. wînes *S* = wins *A*.
411 Wênic *JS* = weninc *A*.   412 biz *fehlt A*. sêle
grunt *A* = selbe stūd *J*, selen gr. *S*.   413 dienste *AS*
= gaist *J*.   414 *var = gevar *AJS* (jæmerlich gev. *Sch*).
415 Begunde *A* = begonde *JS*.   416 Vil *A* = eht *J* (*H*),
beide *S*.

daz er sich quelte harte.
420 der süeze sich bewarte
vor allen sünden tegelich.
sîn sælic herze wolte sich
der himelischen gnâde wenen.
man hôrte in siufzen unde senen
425 nâch dem paradîse vrôn.
ûf den vil hôhen gotes lôn
stuont sô vaste sîn gerinc
daz sich der reine jungelinc
quelte deste harter.
430 sus lebte er in der marter
volleclichen zehen jâr,
biz got den liuten offenbâr
wolte machen alle tugent
die sîn lîp von kindes jugent
435 het ân underlâz getragen.
ein bilde lie sich bî den tagen
in dem münster schouwen,
gewirket nâch der vrouwen
diu got, den werden Krist, gebar.
440 ez was nâch wunsche liehtgevar
von golde und von gesteine.
daz selbe bilde reine

---

419 quelte *AJ* = hielte *S*.   421—424 *fehlen A*.
421 Vor *fehlt J*. 422 saelic *J* = heiliges *S*.   423 f.
wenen: senen *S* = veriehen: femen *J* (ergeben: streben *H*).
425 *lautet in A* aller sunnentage fron, *in S* nach der
himelschlichen crone. vrôn = frone *J*.   426 gotes *fehlt J*.
lôn *A* = löne *J*. *S liest den vers* Vnd nach des paradises
lone.   427 gerinc *A* = gerüg *J*, geding *S*.   428
reine *AJ* = kusche *S*.   429 Quelte *A* = zwungte *J*,
hielt *S*. deste harter *A* = dester harte *J*, dester harter *S*.
430 *lebte JS* = lebet *A* (*He*).   431 *Volleclichen =
vollenklichen *JS*, volleclîche *A* (*He*).   433 *S schiebt* da
nach wolte *ein*. *alle *AJ* = alle die *S* (al die *He*).   436
lie *A* = lies *JS*. den *AJ* = denen *S*.   438 nâch *JS*
= noch *A*.   440 nâch wunsche *J* = wunsche *A*, ze
wunsche *S*. liehtgevar *A* = lieht far *J*, wol gewar *S*.
441 *S schiebt* edlē *vor* gesteine *ein*.

begunde an einem morgen vruo
bescheidenlichen reden zuo
445 dem glockenære von der stift.
uns seit von im diu wâre schrift,
ez sprach alsus dâ wider in:
'ganc vür daz münster balde hin
und heiz den menschen gân her în
450 der vor der angesihte dîn
dâ sitzet, vriunt, an sîme gebete.
sprich daz er in die kirchen trete:
in welle got erhœren
dort in den himelkœren
455 des rehten und des guoten ouch.
sîn bete sam ein wîrouch
ûf dringet vür sîn ougen.
diu rede ist âne lougen
daz er binamen heilic ist.
460 in wil der ûz erwelte Krist
erhœhen ûf der erden.
sîn reiniu tugent werden
den liuten offenbære sol.
er hât verdienet harte wol

---

443 Begunde *AJ* = begonde *S*.   444* Bescheiden-
lichen *JS* = bescheidenlîche *A* (*He*).   445 glockenære =
glockener *A*, glognare *J*, gloggner *S*. von *AS* = zû *J*.
446 Uns *S* = vun *A*. von im *fehlt S*. *J liest den vers* Als
vns sait die geschrifft *J* (geschrift *auch S*).   447 dâ
fehlt JS.   448 Ganc *JS* = gant *A*. balde *fehlt A*.
449 her *AJ* = har *S*.   451 Dâ *fehlt S*. vriunt *A* =
fehlt J, dar vor *S*. sîme *A* = sin *J*, sinem *S*.   452
kirchen = kilche *A*, kilchen *JS*.   454 den *J* = dem *A*,
der *J* (*H*).   455 ouch *fehlt J*.   456 bete *AS* = gebett *J*.
sam *AJ* = als *S*.   457 vür sîn ougen *A* = für die o͞gn̄
gocz *J*, für gotes o͞gen *S*.   458 lougen *AJ* = lo͞gnen *S*.
J schiebt danach ein Das solt du mir gelouben.   460 ûz
fehlt J.   461 Erhœhen *A* = erhören *JS* (*H*).   463
offenbære *A* = offenbar͞e *JS*.   464 verdienet *AJ* = ver-
dienot *S*.

465 daz an in werde alhie geleit
 êr unde ganziu heilekeit.'
 Der dinge michel wunder
 den glockener besunder
 in herzen unde in muote nam,
470 daz er daz bilde lobesam
 sprechen hôrte wider in.
 vür daz münster kam er hin
 gegangen und dar ûz getreten.
 er suochte, alsam er was gebeten,
475 Alexium den klâren,
 des er begunde vâren
 mit willeclichen ougen.
 dô was er âne lougen
 sô vremde sîner angesiht
480 daz er sîn dannoch rehte niht
 erkande sicherlichen hie.
 dâ von sô kêrte er unde gie
 vür daz bilde drâte wider.
 ûf sîniu knie viel er dâ nider
485 dêmüeteclichen unde bat
 got den süezen an der stat

---

465 alhie A = al J, *fehlt S.* 466* êr unde ganziu
heilekeit (*Sch*) = er und gancze wirdikait J, ere und gancze
selikeit S, grôze und ganze heilikeit A (*He*). *S schiebt da-
nach ein* Dañ er der tugent crone treitt. 467 dinge
AJ = dingen S. J *schiebt* nam *vor* michel *ein*. 468
glockener = glögner A, glögner J, gloggner S. 469
muote nam A = wüder kam J, in m. och nam S. 471
Sprechen hôrte AS = hôrt sprechen J. 473 ûz AS =
vff J. 474 suochte AS = sûchet J. alsam = als AJS.
was AS = ward J. 476 begunde AJ = begonde S.
477 willeclichen AJ = willenklichen S. 478 er *fehlt J.*
lougen AJ = lögnen S. 479 *vremde = frômde JS,
frœmede A (vremede *He*). 480 dannoch A = deñocht J,
noch S. rehte AJ = ze rechte S. 482 *lautet in J*
Jn das mûnster er do gie. 483 drâte AS = tratt er J.
484* sîniu (*H, Sch*) = sin J, sine S, diu A (*He*). 485
Dêmüeteclichen = temveteclicheâ A, jñêklichen J, jemerlichen
S. unde AS = er do J.

daz er im lieze werden schîn
wâ dirre mensche möhte sîn
der alsô heilic wære.
490 daz bilde wunnebære
sprach aber dô vil schiere zim:
'trit ûz der kirchen unde nim
sîn war nu wider unde vür.
der aller næhest bî der tür
495 dâ sitzet, nu sich, daz ist der.
ganc unde heiz in komen her!'
    Sus gie der glockener zehant
hin ûz dem münster unde vant
Alexium dâ rehte.
500 dem reinen gotes knehte
viel er ze vüezen an der stat.
gar inneclichen er in bat
in den gotes tempel gân.
ouch wart den liuten kunt getân
505 von dem glockenære sît
daz wunder daz im an der zît
von dem bilde vür was komen.
er seit in swaz er dô vernomen

---

487 lieze werden *AJ* = werden liesse *S*.   488 dirre *AJ* = der *S*.   490 *lautet in S* Dz es im seitte die mere. 491 vil schiere *fehlt J*. *S liest* Dz bild sprach aber zů im. 492 kirchen *A* = kilchen *JS*.   493 nu *fehlt JS*.   494 næhest *A* = nåhste *J*, nôchste *S*.   495 *Dâ sitzet =* sitzet da *JS*, sitzet *A* (*He*).   nu *fehlt JS* (dâ *H*). 496 Ganc = gange *JS*, sant *A*.   *unde (und *He*)*.   497 Sus gie der glockener *A* = uss gieng der glogner *J*, sus gieng der gloggner *S*.   498 Hin *fehlt J*.   500 Dem *A* = den *JS*.   501 ze vüezen *J* = ze fůsse *S*, zuo fuoz *A*.   502 er in bat *AJ* = an der statt vn̄ batt *S*.   503 *Jn den (*H, Sch*) =* in des *A* (*He*), da ju des *J*. *S liest* Jn̄ das er in dz gottes münster gienge.   505 glockenære *A* = gloggner *S*, mesner *J* (messenære *H*).   506 *Daz JS* (*H*) = diz *A* (*He*).   507 vür was komen *AJ* = im wz für k. *S*.   508 in *A* = im da *S*, *fehlt J*. swaz *A* = waz *JS*. dô = da *A*, hett *J*, *fehlt S*.

hæte von Alexiô.
510 des buten im die liute dô
vil hôhen prîs und êre.
sîn wirde wuohs sô sêre
beidiu stille und überlût
daz der vil reine gotes trût
515 niht langer mohte erlîden.
er wolte gerne mîden
êr unde wertlichen ruom.
daz münster und den gotes tuom
liez er unde kêrte dan.
520 den muot enpfienc er und gewan
daz er wolt in Cilicjen lant
kêren zeiner stat zehant,
diu was geheizen Tharsiâ.
bî sante Paulus münster dâ
525 wolt er belîben iemer mê,
durch daz er würde niht als ê
vermeldet noch erkennet.
sîn herze was enbrennet,
daz in der gotes minne wiel.
530 nu daz er saz in einen kiel
und ûf daz mer geschiffet was,
dô kam ein wint, als ich ez las,

---

511 Vil *AJ* = von *S*. hôhen *AS* = hoher *J* (*Joseph QF 54, 53*). prîs *AJ* = bild *S*. 512 wirde *AS* = wil *J*. wuohs *S* = der wûsch *J*, waz *A*. sô *A* = vil *J*, da *S*. 514 vil *fehlt S*. 515 langer *A* = lenger *JS*. erlîden *AS* = liden *J*. 517* unde (*Sch*, und *He*). wertlichen = weltlichen *AJS*. 518 den *fehlt J*. 520 gewan *AJ* = kam *S*. 521 Cilicjen lant = cecilie daz lant *A*, cecilien l. *JS*. 523 Tharsiâ *AS* = carsia *J*, *ebenso* 541. 524 sante Paulus *AS* = sant pauly *J*. 526 würde niht *A* (wrde) *J* = nit wurd *S*. 527 noch *A* = vnd *JS*. 528 *fehlt J*. enbrennet *A* = uerbrennet *S*. 529 Daz *AJ* = dz es *S*. wiel *AS* = viel *J*. 530 *saz *S* (*das übrigens den vers liest* Nun sass er uff dz mer in einen kiel) = kam *AJ* (*He*). einen *JS* = ein *A*. 531 Und *AS* = der *J*. *S schiebt nach* und *ein* do er. geschiffet *AS* = gestifftet *J*. 532 Dô = da *AJS*.

der grœste der ie wart bekant,
und warf den selben kiel zehant
535 ze Rôme in die vil guoten habe.
des kam sîn herze vröuden abe,
wan er dar umbe trûric wart
daz gerâten was sîn vart
vil anders danne er wolte
540 und daz er niht ensolte
komen hin ze Tharsiâ.
nu der vil guote spürte dâ
und des begunde rehte warn
daz er gen Rôme was gevarn,
545 dô dâhte er wider sich zehant:
'sît daz mich hât alsus gesant
her wider heim der winde sûs,
sô kêre ich in mîns vater hûs
billicher nu dann anderswar,
550 wan ich ein swæriu bürde gar
dekeinem man ûf erden
wil hinnan vürder werden
wan im und dem gesinde sîn.
daz leben und die tage mîn

---

533 *bekant JS (H) = erkant A (He).   535 vil
fehlt S. guoten JS = guote A.   536 herze J = herzen
A, hercz S.   537 S schiebt gar vor trûric ein.   538 sîn
AJ = sine S.   539 danne A = deñ JS.   542 Nu
AJ = vnd S.   dâ fehlt S.   543 *Und des begunde rehte
warn = vnn begunde nemen war A, und nā dez rehteñ war
J (unde nam des rehte war H), fehlt S (unde des begunde
warn He).   544 *gen JS = zuo A (ze He). (H liest den
vers Daz er gein Rôme füere dar).   545 dâhte AJ =
gedacht S.   546 *Sît das J = sider das S, sît A (He).
hât alsus AJ = alsus hatt S.   547 winde sûs J = wind
alsus J, wilde sus A.   548 ich fehlt J. vater AS =
vatters J.   549 *nu = nvn J, fehlt AS (He). danne A
= deñ J, dañ S.   550 gar fehlt A.   551 Dekeinem
S = dekeinen AJ.   552 hinnan vürder J = h. werder
A, hinnē für nun S.   553 Wan AS = bi J. im JS =
minem vater A.   554 die fehlt J.

555 sol ich verswenden hie vil gar.
 nieman der dinge wirt gewar
 daz alle mîne vriunde sint
 und ich Eufêmiânes kint,
 des hôchgebornen mannes, bin.
560 dâ von wil ich nu suochen in
 mit willecliches herzen gir
 und wil in biten daz er mir
 sîn brôt unz an mîn ende gebe.
 die wîle daz ich nu gelebe
565 sô bin ich unvermeldet hie.'
 mit disen worten er dô gie
 ûz dem schiffe zuo der stat.
 dar în sô kêrte er unde trat
 als ein vil armer bilgerîn.
570 Eufêmiân, der vater sîn,
 begegent im eht ûf der vart.
 ein tiurez kleit von rîcher art
 het er des mâles angenomen
 und was von deme keiser komen
575 ab sînem wünneclichen sal.
 im gie von liuten âne zal

---

555 verswenden *AS* = wesen *J*. hie vil gar *fehlt A*.
556 *liest A* Und hie vollenden, *S* Dz niemā der dingē werde
gewar *S*.   557 *alle *AJS* (alhie *H, He*). vriunde =
vroide *A*, frůnd *fehlt JS*.   558 ich *fehlt A*. Eufêmiânes
kint *A* = eufamies kind *J*, bin allexius kind *S*.   559
beginnt S Eufemianus des. hôchgebornen = hohgebornes *A*,
hohgeborn *J*, hocherbornen *S*.   560 Dâ von *A* = da vō
so *S*, darvmb *J*.   561 willecliches *A* = willeklichen *J*,
willenklichem *S*.   564 gelebe *A* = leb *JS*.   565 un-
vermeldet *AS* = vnvermāret *J*.   567 Ûz *A* = von *JS*.
schiffe *AS* = stifte *J*.   568 sô *fehlt J*.   570 Eufêmiân
A = Eufamion *J*, Eufemianus *S* (*der name meist so oder
ähnlich in den hh.*). der *JS* = daz *A*.   571 Begegent
A = begegnot *JS*. *eht = reht *A* (*He*), *fehlt JS* (*H liest
ûf dirre vart*).   572 rîcher *AS* = höher *J*. art *AJ* =
hab *S*. *S schiebt danach ein* mit willenklichē herczē gir.
573 angenomen *AJ* = an sich g. *S*.   574 *deme (*H, Sch*)
= dem *AJS* (*He*).   575 Ab sînem *JS* = abe sinen *A*.
576 gie *A* = gieng *JS*.

ein michel massenie nâch.
Alexiô wart zuo im gâch,
dô in sîn ouge hæte ersehen.
580 als uns diu wârheit het verjehen,
daz sprach er wider in alsô
vil harte erbermeclichen dô:
'Vil ûz erwelter gotes kneht,
tuo dîner hôhen tugende reht
585 an mir vil gnædeclichen schîn
und hilf mir armen bilgerîn
daz ich bî dir belîbe
und mîniu jâr vertrîbe
in dînem hûse reine.
590 lâ mir die brosmen kleine
die von dînem tische komen
ze mîner nôtdurfte vromen
und heiz si mir ze spîse geben,
durch daz gesegent sî dîn leben
595 von gote und er geruoche sich
erbarmen aller tegelich
über den dur sîne tugent
der von dir vuor in sîner jugent

---

577 massenie A = mässe J, menge S.   578 *zuo im
AJS (zuo zim He), *ebenso* 618.   579 *in sîn ouge hæte
J = sîn ouge in hæte A (He), sine ögen hattē in S. er-
sehen AS = gesehen J.   580—582 *fehlen A.*   581 Daz
S = do J.   582 erbermeclichen S = erbärmdherczek-
lichen J.   584 dîner hôhen tugende = d. hoher t. A,
dinen (dine S) hohen tugenden JS.   585 *vil gnædec-
lichen (Sch) = vil gnedecliche A, genedeclichen JS (He).
586 *armen AJ = *fehlt S* (armem He).   587 belîbe JS
= blibe A (*so immer*).   588 Und mîniu jâr A = uncz ich
min jar J, und mine tag S.   589 *dînem JS = dîme A
(He), *ebenso* 591.   590 Lâ AJ = las S.   die brosmen
AS = din brösmā J.   591 Die *fehlt S*.   592 nôtdurfte
vromen A = nötdurft fröme J, n. vū fromē S.   593 heiz *fehlt*
J. si mir A = mir si J. sî *fehlt S*.   594 Durch *fehlt J*.
*gesegent (H) = gesegenet A (He), gesegnot JS. sî = sin A,
sig J, sige S.   595 Von *fehlt A*. geruoche AS = geruochte
J.   596 aller AS = alle J.   597 *dur J = durch AS (He).
sîne AS = sin J.   598 von dir vuor AJ = fûr von ůch S.

und in dem ellende sîn
600 lebt als ein armer bilgerîn.'
   Eufêmiân der klâre
von disen worten zwâre
wart ûf sînen sun gemant
sô vaste daz im alzehant
605 sîn ougen überliefen
und er vil mangen tiefen
siufzen ûz dem herzen liez.
Alexium er komen hiez
zuo im unde sprach alsô
610 ze sînem ingesinde dô:
   'Swer disen menschen alle wege
belîben lât in sîner pflege
und im gestât mit dienste bî,
den lâze ich hiute und iemer vrî.
615 dar zuo wil ich in teilhaft
machen mîner erbeschaft
und alles guotes sô ich hân'.
sus hiez er einen zuo im gân,
dem er bevalch den bilgerîn.
620 er sprach: 'du nim ze rehte sîn
mit guoter handelunge war.
ein bette mache im etewar

---

599 *S schiebt* muoz *vor* sîn *ein.* (*He liest* und muoz in d. e. s.),
in *fehlt* J.   600 *Lebt* (*Sch*) = lebet A, mûste J, *fehlt* S
(*He*). armer *fehlt* J.   602 *S schiebt* wart *vor* von *ein.*
603 Wart *fehlt* S. ûf A = uō J, an S.   605 überliefen
AS = über lüffend J.   606 er vil J = ouch vil A, er
da ͧch S. *mangen AS = mēgn J (manegen *He*).   607
liest S Sūnfzen von sinem reinē herczen lie.   608 *S schiebt*
zů im̄ *vor* komen *ein.*   609 *liest* S Vnd sprach zů im
also.   610 *Ze* sînem (*Sch*) = zuo sîme A (*He*), zuo sinē J,
vnd zů sinē S. ingesinde AJ = gesinde S.   611 Swer
AS = wer J.   616 erbeschaft = erbeschaf (: teilhaff) A,
erbschaft JS.   617 *alles AJS (al des *He*). sô *fehlt* A
(daz *H*). hân AS = kan J.   619 *fehlt* J.   620 nim
J = min A, im S.   621 S *beginnt den vers* Vnd min sin
mit.   622 im *fehlt* J. etewar AS = etswar J.

iu mînem hûs daz schône stê,
swenne ich ûz und în dâ gê
625 vür in, daz ich in schouwen müge.
kius einen winkel der im tüge
ze ruowe, daz er drinne lige,
daz im kein trûren angesige
und im nieman niht leides tuo.
630 daz soltu spât unde vruo
betrahten und besorgen.
den âbent und den morgen
pflic sîn vil harte schône.
des wil ich dir mit lône
635 danken al die wîle ich lebe.
sîn kunft ist mir ein hôhiu gebe,
wan er mich mit den worten sîn
hât ermant des kindes mîn
daz ich in zehen jâren hie
640 gesach mit ougen leider nie.'
Mit disen worten unde alsus
gevüeret wart Alexius
ze sînes vater hûse dan.
der heilig und der guote man

---

623 *Jn mînem hûs daz schône stê (*H, Sch*) *JS* (*nur
hat J* da *statt* daz, *S* da es) = daz in dem hûse schône stê
A (*He*). 624 Swenne = swen *A*, wen *JS*. ûz und în *A*
(*He schreibt* in) = jss vñ nider *J*, us oder in *S*. dâ *fehlt*
JS. 626 einen *J* = ein *A*, im̄ ein *S*. tüge *AS* = genug *J*.
627 ruowe *AJ* = rûwent *S*. drinne *A* = dar inne *JS*. 628
angesige *AJ* = ane g. *S*. 629 nieman niht leides tuo
A = jemā ūt laide tū *J*, n. nit leides tûge (: frūye) *S*. 630
*spât (spâte *He*); *ebenso* 702. 631 Betrahten *A* = be-
wachtē *S*, behaltñ *J*. 633 Pflic *AJ* = du pfl. *S*. vil
harte *J* = harte *S*, gar *A*. 634 *liest S* Das ich dir
yemer lone. 635 Danken *AJ* = vnd d. *S*. al die *A* =
alle die *JS*. 636 kunft *A* = kunst *JS*. 637 Wan
AS = wō *J*. mich *fehlt JS, steht zu anfang der nächsten*
zeile (*H*). 638 kindes *AJ* = sunes *S*. 639 Daz *AJ* =
den *S*. 640 mit ougen leider *A* = mit minen ougen *J*,
mit ougen *S*. 643 Ze *AS* = iu *J*. vater *A* = vatters
JS; *so meist*. 644 guote *AJ* = werde *S*.

645 dâ inne er sich dô nider liez.
 in einem winkel man im hiez
 ein bette schône machen.
 aldâ begunde er wachen
 in gotes dienste mange naht.
650 sîn heilic lîp ranc unde vaht
 mit marterlichen dingen ie.
 ze mettîn und ze mette gie
 der sælig aller tegelich.
 sîn tugentrîchez herze sich
655 dar ûf mit hôhem vlîze wac
 daz er enkeine zît verlac
 die man sol singen unde lesen.
 er wolte an sîme gebete wesen
 alliu mâl und alle vrist.
660 der edel und der werde Krist
 was im in die sinne brâht
 mit alsô reiner andâht
 daz er sîn niht enkunde
 vergezzen mit dem munde
665 noch in des herzen muote.
 der biderb und der guote
 mit grôzer kestigunge twanc
 den lîp, wan er az unde tranc

---

645 *dô *fehlt AJ (He)*.   646 einem *JS* = einen *A*.
im *S* = in *A*, jn̄ *J*.   647 *schône (H)* = schöne *J*, schon
S, schiere *A (He)*. *S schiebt* da *vor* machen *ein*.   648
liest J Alle da begūnen erwachen. begunde *A* = begont *S*.
649 mange *A* = menig *J*, manig *S*; *die hh. schwanken öfter
in der schreibweise, im text wird* e *immer ausgestoßen.*   651
marterlichen *S* = martellichen *A*, naturlichen *J*. ie *fehlt J*.
652 mettîn *A* = mette *J*, metti *S*. *S schiebt* er *vor* gie *ein*.
653 *fehlt S*. aller *A* = alle *J*.   654 sich *fehlt J*.   655
liest S Sich uff hoche tugent wag.   656 enkeine *AJ* =
kein *S*.   657 Die *A* = das *J*, so (*oder* do) *S*.   658
sîme *A* = sinê *J*, sinem *S*.   659 alle *JS* = allv *A*.   660
werde *AS* = werdest *J*.   662 alsô *JS* = alse *A*. reiner
AS = rainê *J*.   664 dem *JS* = den *A*.   666 biderb
AJ = edel *S*.   667 kestigunge twanc *A* = kestunge
zwang *JS*.

vil wênic und vil kleine.
670 niht anders wan gebeine
was an im und diu hût dar obe.
sîn vater hiez sîn wol ze lobe
von sînem hôhen tische pflegen.
ab dem sô wart der gotes degen
675 mit labe alsus gevuoret hie.
doch wizzent daz er wolte nie
dar umbe gezzen deste mêr
daz man im edel spîse hêr
von sînes vater tische bôt.
680 sîn ougen wurden dicke rôt
durch mangen trahen bitterlich.
er sente nâch dem lône sich
der ie dem rehten was bereit.
vil manger hande smâcheit
685 im sînes vater knehte buten.
die köche die daz vleisch dâ suten,
swaz die von wazzer und von labe
gespuolten manger schüzzel abe,

---

669 wênic *S* = weninc *A*, klaine *J*.   670 wan *AS* =
deñ *J*.   671 *an *S* (*Sch*) = *fehlt A* (*in He*). *J liest den
vers* Wō jm in der hût tube. dar obe *S* = drobe *A*.   672
sîn *AS* = im *J*.   673 *sînem = sinê *JS*, sime *A* (*He*);
so wiederholt.   674 *Ab dem sô wart *A* = ab dem wart *S*,
hin ab *J* (*swie abe H, ab dem He*). der gotes degen *S* =
der gotes segen *A*, dē werden gottes tegen *J* (*der werde
gotes degen H, He*).   675 *Mit labe *fehlt in allen hh.*
(*auch He*); *dafür H, He* Wart. gevuoret *AS* = gefüre *J*.
676 wizzent daz er wolte nie *AS* = wisset er wolt wie *J*.
677 Dar umbe gezzen *AS* = da vmb gesessen *J*. deste mêr
A = dester me *J*, dester mere (: here) *S*.   678 edel *AS* =
edle *J*.   680 wurden = wirden *A*, wurdent *JS*. dicke
AJ = von blütte *S*.   681 trahen *JS* = trehen *A*.   682
*sente *J* = senete *A* (*He*), sante *S*. *S schiebt* da *vor* nâch
ein.   683 Der *AS* = die *J*. dem *A* = den *JS* (*H*).   685
knehte *JS* = koeche *A*. buten *AJ* = erbattē *S*.   686 dâ
fehlt JS. suten *JS* = buoben *A*.   687 Swaz *A* = was *J*,
vnd wz *S*. und von labe *AS* = alder vō lob *J*.   688 Ge-
spuolten *fehlt S, das* spŭltē *zu anfang der nächsten zeile hat.*
manger schüzzel abe *A* = mēḡe sch. ob *J*, von m. sch. a. *S*.

daz wart ûf in gegozzen.
690 daz leit er unverdrozzen
gedulteclichen alle zît.
diu kint begiengen widerstrît
an im dô grôzen ungelimpf.
er was ir gamel unde ir schimpf
695 alle zît und allen tac.
er wart vil dicke ûf sînen nac
geslagen sunder lougen.
man spîte im under ougen
und tete im allez ungemach.
700 man schalt den süezen unde sprach
im dicke schemelîche zuo.
diz leit er spât unde vruo
mit willeclichem muote.
sîn vater der vil guote
705 erkande niht die smâcheit
die der gotes kempfe leit.
er wânde daz man pflege sîn
vil schône und er dekeinen pîn
von sînem ingesinde lite.
710 der heilig und der wol gesite
in sînes vater hûs vür wâr
vuorte stille und offenbâr

---

690 Daz *AS* = dis *J*. *S schiebt* alles *hinter* er *ein*.
691 gedulteclichen *AJ* = gedultenklich *S*. alle *AJ* = ze
aller *S*. 694 *fehlt S*. 695 zît *A* = frist *JS*. allen tac
= alle tage *AJS*. 696 Er *AJ* = es *S*. ûf sînen (sin *J*)
nac *JS* = geslagen *A*. 697 Geslagen *JS* = vf sin nac *A*.
698 Man spîte = m. spigt *J*, m. spuwt *S* (m. spei *H*), so
spuwen *A*. vnder ougen *J* = vnder die o. *S*, in die o. *A*.
699 Und *JS* = man *A*. 700 *süezen *JS* = guoten *A* (*He*).
701 *schemelîche (*Sch*) = uil schamlich *S*, smæheliche *A* (*He*),
smählichen *J*. 703 willeclichem *JS* = lichen *A*. 704
der vil guote *AJ* = vnd sin mütter *S*. 705 Erkande niht
AJ = erkanten nie *S*. die *AS* = der *J*. 708 er *fehlt A*.
dekeinen = die keinen *A*, dekain *J*, dekeine *S*. 709 inge-
sinde *AJ* = gesinde *S*. 711 vür wâr *JS* = verwar *A*.
712 Vuorte *AJ* = fürte er *S*.

vil strengez leben bitter,
sô daz den gotes ritter
715 nieman dar inne erkande.
sîn herze manger hande
jæmerlîche nôt enpfienc
daz sîn gemahel vür in gienc
und er zir nie ein wort gesprach.
720 nu sprechent ob daz ungemach
wære niht ein strengez leit.
mich wundert daz er ie vermeit
sô lange die vil wunnesamen
und er niht seite sînen namen
725 dem vater noch der muoter sîn,
die beide marterlichen pîn
mit klage umb in erscheinden
und alsô dicke weinden
durch daz er von in was gevarn.
730 daz er in wolte niht enbarn
sîn herze und ouch sîn bilde,
daz was ein wunder wilde
und ein erbarmekeit vil starc.
vor sînen vriunden er sich barc,

---

713 strengez *J* = strenge *A*, stilles strenges *S*.   714
den *JS* = dem *A*.   717 *liest S* jemerlichn not empfie (: gie).
718 Daz *fehlt S*. sîn *AS* = jm *J*. *vür in (H, Sch)* = vor
im *AJS (He)*.   719—721 *fehlen S*.   719 *zir (H)* = ze der
AJ (He). *nie ein wort gesprach *J* = ein Wort niht sprach
A (He, nie wort gespr. *H)*.   721 *Wære niht = n. w. *AJ*
(He)*. *strengez *J* = vil str. *A (He)*. (*Sch. will den vers
lesen* niht wær ein strengez herzeleit).   722 ie *AS* = nie *J*.
723 wunnesamen *J* = wunesam *A*, wunne santē *S*.   724
Und er = und ir *A*, und *J*, das er ir *S*.   725 Dem vater
noch *S* = dem v. vnd *J*, noch den v vnn *A*.   726 *Die
beide *JS* = diu beidiu *A (He)*. marterlichen *A* = .liche *JS*.
728 weinden *AJ* = erweintē *S*.   729 in *AJ* = inen *S*.
730 in wolte niht *A* = wolte nit *J*, nit wolte in *S*. enbarn
AS = ensparn *J*.   732 ein wunder *AJ* = uñ e-gar *S*.
733 ein erbarmekeit *A* = ein erbermkeit *S*, erbarmherczi-
kait *J*.   734 vriunden *AS* = sünden *J*. er sich barc
AJ = uil stark *S*.

735 biz im von gote wart gegeben
   daz er niht langer solte leben.
      Und dô der guote sich versach
   daz im ze sterbenne geschach,
   dô sprach er zuo dem knehte
740 der alle stunt ze rehte
   solte dâ sîn pfleger sîn:
   'junkherre, zuo dem dienste mîn
   dich neige und dich ein lützel biuc,
   sô daz du mir ein schrîpgeziuc
745 erwerbest daz ze brieve tüge.
   hilf mir daz ich geschriben müge
   ein wênic mîner sache,
   daz dich got sælic mache
   an lîbe und an der sêle gar.'
750 hie mite wart im schiere dar
   gewunnen swaz er solte haben.
   mit endelichen buochstaben
   schreip er alliu sîniu dinc,
   wie der vil kiusche jungelinc
755 durch got von sîner brûte lief.
   dâ bî sô schreip er an den brief
   daz er als ein bilgerîn
   vil strengen und vil swæren pîn

---

735 wart *AS* = was *J.*   736 niht langer *A* = nit lenger *JS.*   737 sterbenne *AJ* = sterben da *S.*   740 stunt *AJ* = zit *S.*   742 mîn *A* = sin *J. S liest statt dieses verses so:* Lieber knecht nů tů so wol das ich dir yemer danken sol.   743 *dich fehlt AJ (He). S liest den vers* Zů minem dienst du dich büge.   744 So daz du *AJ* = Vnd bůt *S.* ein schrîpgeziuc *J* = einē schrībgezůge *S,* daz sch. *A.*   745 Erwerbest *fehlt S.* *daz (H, Sch)* = der *AJS (He).* *ze brieve *J* (*H*) = zu briefen *AS* (ze brieven *He*). *S schiebt* mir *vor ze ein.*   747 wênic *JS* = weninc *A.*   748 dich *AS* = ich *J.*   749 an der *AS* = ouch an *J.* 751 swaz *A* = wz *JS.*   752 endelichen *AS* = endlichen *J.* 753 alliu sîniu dinc *AJ* = do alle ding *S.*   754 vil *fehlt S.* 755 lief *AS* = lies *J.*   756 Dâ *AJ* = dar *S.*   758 strengen *A* = strenge *S,* schwärer *J.* *und vil *JS* = unde *A (He).* swæren *A* = schwere *S,* strenger *J.*

truoc in dem ellende.
760 ouch schreip er vil behende
daz in der tobenden winde sûs
ze Rôme in sînes vater hûs
gar über sînen willen treip.
dar nâch sô sazte er unde schreip
765 daz er sibenzehen jâr
beidiu stille und offenbâr
wær unbekennet dâ beliben
und daz diu hovediet getriben
mit im hæte ir ungelimpf.
770 der spot, diu smâcheit und der schimpf
der im geboten was aldâ,
daz wart bescheidenlichen sâ
gesetzet an den brief binamen.
swaz ie geschach dem lobesamen,
775 daz leite er unde schreip dar an.
alsus gewarp der hoveman
und der vil reine gotes kneht,
dô der grimme tôt sîn reht
an im erzeigen wolte
780 und er verscheiden solte.

---

760 er *J* = der *A*, er da *S*.   761 tobenden winde sûs
A = tobende wind alsus *S*, tögēde w. s. *J*.   762 sînes *S*
= sins *J*, mînes *A*.   763 Gar *fehlt S*.   764 Dar nâch *S*
= dan nach *A*, deñocht *J*. *sô *J* = da *A* (dô *He*), *fehlt S*.
sazt = sas *A*, macht *J*, malet *S*.   767 Wær unbekennet =
wer vnbekant *A*, was vnbekennet *J*, were vnerkannt *S*.   768
getriben *A* = vertribñ *J*. *S liest den vers* Da getreib d. h.
769 hæte = hetten *A*, hettint *J*. ir = irn *A*, jn *J*. *S liest
den vers* Sôlichen grossen vngelimpf.   770 Der ... der =
den ... den *AJS*.   771 *Der *S* = diu *AJ* (*He*; *H liest den
vers* diu im geboten wâren dar: gar).   772 Daz *AJ* = der
S. wart *fehlt J*. *bescheidenlichen *JS* = .lich *A* (.lîche *He*).
*sâ = alsâ *A* (*He*), da *JS*.   773 den *fehlt J*.   774 ge-
schach *A* = beschach *J*. lobesamen *J* = lobesam *A*. *Der
vers fehlt in S*.   775 dar *JS* = es *A*.   776 Alsus ge-
warp *A* = also warb *J*, alsus wart *S*. *hovemann (*Janson*)
= hoffamā *J*, hôhe man *AS* (*He*).   778 *fehlt S*.   779 er-
zeigen *A* = zaigen *J*, erzôgen *S*.   780 solte *AJ* = wolte *S*.

Nu diz nâch lobelicher art
geschriben allez schône wart
von sîner hant der reinen,
dô wolte got erscheinen
785 den liuten allen sînen tôt
und die vil marterlichen nôt
die der getriuwe truoc mit klage.
an dem vil hêren balmetage,
dô man gesanc die messe vrôn,
790 dô wart ein wünneclicher dôn
ze Rôme erhœret und vernomen.
ein stimme was von himel komen
hôch in dem münster obene,
diu rief dâ wol ze lobene:
795 'wol ûf, her zuo mir alle die
der lîp ûf ertrîche hie
mit jâmer und mit sender klage
dur mînen willen kumber trage!
ich wil iuch widerbringen
800 mit wunnebernden dingen.'
Von dirre stimme schalle
die liute erschrâken alle
die zuo dem münster wâren komen.
wan dô si wart von in vernomen,

781 Nu A = do J, vnd S. lobelicher A = loblicher JS.
783 der reinen S = des r. A, der raine J.   784 got AS =
gor J.   786 *fehlt* A. vil *fehlt* S. nôt *fehlt* J.   788 hêren
AS = herrem J. balmetage A = balmtag JS.   789 gesanc
AS = sang J.   791 erhœret AS = verhôret J.   793 dem
AS = dz J. obene = obenan A, obnē S, ebēne J.   794 ze
lobene A = zelbene J. S *liest den vers* Die reise do uil wol
ze lobe.   795 *ûf fehlt* AJS (He). zuo mir alle AS = alle
zů mir J.   796 lîp ûf ertrîche AJ = lieb uff ertrîchen S.
797 S *schiebt vor* Mit *ein* hat erlittē. *sender J = seneder
A (He), selder S.   798 *Dur = der J, durch AS (He).
mînen AS = min J.   799 iuch AJ = iñ S.   800 wunne-
bernden A = wünebärde J, wunderberende S.   801 dirre
AJ = der S. schalle AS = sage J. Diu liute erschrâken
stellt S um.   803 komen *fehlt* A.   804 *liest A* von leide
vnn ungebaren.

805 dô verzagten in diu lider.
si vielen ûf ir knie dar nider
und sprâchen kyrjelêyson.
vil strenger vorhte si gewon
wâren bî der selben vrist.
810 si bâten alle Jêsum Krist
daz er geruochte erbarmen
sich über si vil armen
und daz er müeste wenden
mit helferîchen henden
815 ir schaden unde ir ungemach.
diu stimme zuo in aber sprach
in einem lûten schalle:
'gânt unde suochent alle
den menschen hie bî dirre vrist
820 der gotes kneht von himel ist
mit senften und mit reinen siten!
vür alle die von Rôme biten
sol sîn heileclicher munt.
ich wil iu tuon sîn ende kunt
825 vil gar mit offenlicher sage.
er sol verscheiden an dem tage
an dem dur alle menscheit
got die marterunge leit.'

---

805 *verzagten (Sch, verzageten He). in diu lider AJ
= inē die gelider S.   806 ûf ir knie AJ = alle S. dar
fehlt A.   808 vorhte AS = worte J. si gewon A = si
gewan J, si do gewunnen S.   809 fehlt J.   811 geruochte
S = gervochete A, gerůch J. erbarmen AJ = sich ze erb.
S.   812 Sich fehlt JS.   813 daz er AJ = er iñ S.
müeste = muoste AJ, wôlte S.   814 helferîchen AJ =
helffenberenden S.   816 zuo in aber A = a. z. i. J, a. z.
inen S.   817 einem lûten J = einer luttere A, einē riche
S.   818 J schiebt uss nach Gânt ein. *unde (Sch, und He).
819 hie fehlt S. bî AS = in J.   823 heileclicher A =
hailiger JS.   824 iu = vch A, ůch JS. sîn ende S =
senden A, fehlt J.   825 offenlicher AS = offenbar J.   826
*an dem tage AS = an dē tagē J (ame tage He).   827 *dur J
= durch AS (He). alle AS = alle die J.   828 marte-
runge A = marter JS. S schiebt danach ein durch uns.

Der mære wurdens alle vrô.
830 si giengen ûz dem münster dô
mit einander in die stat.
des si die gotes stimme bat,
daz tâten si gemeine.
den gotes kempfen reine
835 den suochtens an den stunden,
den si dâ niender vunden
in der schœnen veste wît.
zuo dem münster aber sît
giengen si mit hôher klage.
840 reht an dem stillen vrîtage
kâmen si dar în gezoget.
des wart der hôhe himelvoget
vil tiure dô von in gemant.
si vielen ûf ir knie zehant
845 und bâten algemeine
den werden got vil reine
daz er in lieze bî der stunt
werden offenlichen kunt
wâ man den menschen solte
850 suochen den er wolte
verscheiden lân des morgens vruo.
dô sprach diu stimme in aber zuo

---

829 *Der mære *JS* = des mæres *A* (*He*). wurdens *AJ*
= wurdent si *S*.   831 einander *AJ* = ein andren *S*.   832
Des si *A* = des do *J*, als si *S*.   833 tâten si = tätens
si *J*, datten si da *S*.   835 Den *fehlt JS*. an den stunden
AJ = da an der stunde *S*.   836 niender *A* = nienan *J*,
niena *S*.   839 hôher *AS* = grösser *J*.   840 stillen *JS* =
stille *A*.   841 Kâmen *AS* = komē *J*. si *fehlt J*. gezoget
A = gezogen *J*, gebogt *S*.   842 Des *JS* = da *A*.   843
dô von in = da von im *A*, von in *J*, von in do *S*. gemant
A = genant *J*, ermant *S*.   845 algemeine *AJ* = alle ge-
meine *S*.   847 in *AJ* = inen *S*.   848 offenlichen *JS* =
offelichen *A*.   849 Wâ *JS* = wo *A*. man *fehlt J*.   850
liest J Sölte sůchen der er wolte.   851 lân *S* = lon *AJ*.
852 diu stimme in aber *S* = in d. st. a. *A*, d. st. a. *J*.

in einem süezen dône lût:
'den menschen heilic unde trût
855 des got dâ wil geruochen,
den sult ir alle suochen
in Eufêmiânes hûs.
sunder vorhte und âne grûs
kêrent dar bî dirre stunt,
860 sô wirt er iu vil schiere kunt.'
    Alsus begunden si dô gân
vür den helt Eufêmiân.
dem sprâchen si dô alle zuo:
'vil rehte entsliuz uns unde tuo
865 mit rede kunt die wârheit!
war umbe wart uns niht geseit
daz diu vil hôhe sælde was
dâ heime in dîme palas
von der uns hie gesaget ist?'
870 'ir herren', sprach er, 'wizze Krist,
mir ist verborgen diu geschiht,
wan ich enweiz dar umbe niht
sô grôz als umbe ein kleinez hâr.'
hie mite kêrte er sich vür wâr
875 ze sînem tiursten knehte.
er sprach: 'nu sage mir rehte,
weist du von disen dingen iht?'
'nein ich, herre', sprach er, 'niht.

---

853 *einem *JS* = eime *A* (*He*).   855 Des *AS* = den
J.   856 sult *A* = sond *J*, sant *S*. *S schiebt* da *vor* alle
ein.   858 Sunder *AJ* = ane *S*. und *fehlt J*.   859 dirre
AJ = der *S*.   860 er *fehlt S*. iu *S* = uch *AJ*. vil *fehlt*
S.   861 *begunden *J* = begonden *AS* (*He*).   862 helt *AJ*
= herrē *S*.   863 Dem sprâchen si dô *A* = dē si do sp. *J*,
zû dem sp. si *S*.   864 rehte *AJ* = reiner *S*. uns *fehlt J*.
S schiebt uff *nach* uns *ein*.   865 *S schiebt* uns *vor* kunt *ein*.
868 Dâ *AS* = Wz da *J*. dîme = dinem *S*, dem *A*, dē *J*.
870 herren *AS* = herre *J*.   872 enweiz *AS* = wais *J*.
873 umb *fehlt J*. kleinez *fehlt S*.   874 er *fehlt A*. vür
wâr *JS* = verwar *A*.   875 *sînem *JS* = sîme *A* (*He*).
tiursten *AJ* = tor *S*.   878 *liest J* Nain ich sprach er herre
niht, *S* Nein spr. er herre nicht.

mir ist der sachen bilde
880 gar seltsæn unde wilde.'
    Von dannen giengen si dô gar
und kêrten zuo dem hûse dar
dar inne Eufêmiân dô was.
    die keiser beide, als ich ez las,
885 die rœmisch reht behielten
und dô des rîches wielten,
die giengen sunder schallen
mit den burgæren allen
dar si got selbe kêren liez.
890 Arcadius der eine hiez,
der ander hiez Honôrje.
mir seit diu wâre istôrje
ez giengen mit in ouch alsus
der bâbest Jnnocentius
895 und manic hôher kardenâl.
Eufêmiân dô sunder twâl
mit sînen knehten îlte vür
und hiez nâch edels herzen kür
daz hûs vil drâte wieren
900 und nâch dem wunsche zieren

---

879 sachen *AS* = sache *J*.   880 *JS schieben* gar *vor*
wilde *ein*.   883 Dar inne *JS* = da inne *A*. Eufêmiân dô
AJ = do eufemianus *S*.   884 Die *AS* = der *J*. *A schiebt*
da *vor* beide *ein*. beide *AS* = bald *J*. ich *fehlt A*.   885
rœmisch reht = romesche r. *A*, rômsches r. *J*, das rômsche
riche *S*.   886 dô des rîches *AJ* = doch des rechten *S*.
887 schallen *AS* = schalle (: alle) *J*.   888 *burgæren *S*
(*H*) = burgern *A* (*He*), burgen *J*.   889 *selbe *A* = selber
JS (*He*). kêren *S* = komen *J*, *fehlt A*.   892 Mir *A* =
vns *JS*. wâre *fehlt J*. istôrje = hystorie *AJS*.   893
giengen *A* = giend *J*, gieng *S*.   895 manic *A* = mēger *J*,
manger *S*. kardenâl *AJ* = cardelân *S*.   896 twâl *A* =
zwal *J*, wan *S*.   897 *nach *J* (*Janson*); *A hat* Sine knehte
sante er vür (*He*), *S* sinen knecht s. e. v.   898 *S schiebt*
in *nach* hiez *ein*. *edels *AJ* = edeles *S* (*He*).   899 vil
drâte wieren = vnt däte vieren *J*, v. d. lauieren *S*.   900
nâch dem wunsche *AS* = gar nach wūschñ *J*.

mit aller hande rîcheit.
vil manic teppit wart gespreit
ûf die benke in sînem sal.
ouch wurden kerzen über al
905 dar inne schône enbrennet,
durch daz dâ würde erkennet
des wirtes guoter wille gar.
und dô diu manicvalte schar
was in daz hûs gemeine komen,
910 dô wart ein stille dâ vernomen
unde ein swîgen under in.
den wirt den nam besunder hin
ein knappe biderb unde vrum,
der alle zît Alexium
915 het in der stæten huote sîn.
der mensche sprach dô: 'herre mîn,
des ich gepflegen hân dâ her,
daz ist entriuwen lîhte der
den ir suochent, wæne ich, hie.
920 vil starkez wunder hân ich ie
bekennet an im und gesehen.
ich muoz iu des von schulden jehen
daz er binamen heilic ist,
wan ich sach in alle vrist

---

902 teppit *A* = teppig *J*, bett *S*. gespreit *AJ* = da
bereit *S*. 903 *sînem *JS* = sîme *A* (*He*). 904 wurden
= wirden *A*, wurdont *J*, wurdent *S*. 905 *S schiebt* gar *vor*
schône *ein*. 906 *dâ *S* (*Sch*) = *fehlt AJ* (*He*). würde =
wirde *A*, wurde *S*, *fehlt J*. 908 *manicvalte (*H*, *Sch*) =
manicvaltec *AJS* (*He*). 909 Was *AS* = uff *J*. daz hûs
gemeine *AJ* = ein *S*. 912 Den wirt den *A* = der w. der
JS. hin *AS* = jn *J*. 913 Ein knappe *A* = den knaben
J, einen knaben *S*. biderbe *AS* = biderben *J*. 914 zît
fehlt J. 915 Het *fehlt J*. stæten *A* = statt *J*, *fehlt S*.
916 dô = er *A*, o *J*, *fehlt S*. 917 gepflegen *AJ* = pflegen
S. 919 suochent wæne ich *A* = da sůchend wollend *J*,
s. wellent *S*. 920 *liest S* Vil starke wunders ye. 921
J schiebt han *vor* gesehen *ein*. *S liest den vers* Bekennent
vnd an iṁe da geschechen. 922 iu = uch *AJS*; *ebenso* 926.
des *A* = das *S*, *fehlt J*.

925 den lip vil marterlîche queln.
ich wil iu grôzen kumber zeln
dar în der sælig ist getreten.
wachen, vasten unde beten,
siufzen, trûren, weinen,
930 daz spürte ich an dem reinen
alle zît und allen tac.
sîn leit ich niht durgründen mac
alhie mit endelicher sage,
wan iemer an dem sunnentage
935 enpfâhet er (waz sol des mêr?)
den gotes lîchamen hêr.'
    Eufêmiân der mære
wart sêre vröudebære,
wan er mit willen si vernam.
940 vür daz bette er schiere kam
ûf dem Alexius dô lac.
vür wâr ich iu daz sagen mac
daz er in dâ tôten vant
und einen brief in sîner hant
945 den er geschriben hæte vor.
daz tuoch daz huop er ûf enbor
dâ mite er lac verdecket.,
und als er was enblecket

---

925 Den JS = der A. marterlichen AS = marterlich J.
queln AS = zwellen J. 929 weinen A = vnd w. J, vn̄
sennē S. 930 spürte JS = spür A. an dem reinen S =
an deme reine A, an dē vil rainē J. 931 allen A = alle
JS. 932 *durgründen AJ = durchgründen S (He). 933
endelicher JS = endeliche A. 934 Wan iemer A = wō
je J, wann S. S schiebt nach dem ein nôchsten. 935
Enpfâhet A = empfieng JS. waz sol des mêr A = wz sol
dz mär J, wz sol ich uch sagen mere S. 936 lîchamen
hêr A = frönlicham̄e J, lichā herre S. 937 der JS = dem
A. 938 vröudebære A = frödenbâre JS. 939 Wan AS
= wō J. er mit willen stellt A um. 942 iu = uch AJ,
fehlt S. 943 dâ tôten A = tod da ligen JS. 944 einen
brief A = ain br. J, hatt ein br. S. 945 geschriben hæte
AJ = da hatt geschr. S. 946 daz fehlt JS. *ûf enbor
JS = im enbor A (He). 947 Dâ AJ = dar S. S schiebt
da vor lac ein. 948 Und als AS = do J. was A = ward JS.

dô schein sîn bilde, wizzent daz,
950 durliuhtic als ein glasevaz
in dem ein lieht ist schône enzunt.
er lac dâ bî der selben stunt
blüejend als ein rôse vrisch.
sîn varwe diu was engelisch
955 und ouch daz antlitze sîn:
diu beide gâben liehten schîn.
    Der vater sîn, Eufêmiân,
wolt im den brief genomen hân
den er hæte in sîner pfliht.
960 seht, dô enmohte er im in niht
gebrechen ûz der hende sîn.
dâ von sô leit er hôhen pîn
und er erschrac vil sêre.
mit sneller umbekêre
965 gienc er ze sînen gesten wider.
zuo den allen sprach er sider:
'got der wil unser ruochen;
den menschen den wir suochen,
ich wæne ich den hân vunden.
970 er hât bî disen stunden
genomen hie sîn ende.
ein brief in sîner hende
lît besigelt und behaft
den ich mit aller mîner kraft

---

949 sîn bilde *A* = sin lib *J*, im̄ sin lip *S*. daz *fehlt J*.
950 *Durliuhtic = durchl. *AJS* (*He*). glasevaz *AS* = glas *J*.
951 *ein lieht ist schône enzunt = ein l. ist enz. *AJ* (dâ ist e. l.
enz. *He*), ein liecht ntzündet ist *S*.   952 lac dâ *A* = lac *J*,
sach in *S*.   954 diu *fehlt A*.   955 antlitze = antlitz *A*,
antlit *JS*.   956 schîn *AS* = schine (:sine) *J*.   960 Seht *JS*
= eht *A*. *dô enmohte er im in = do mochte er im̄ iñ *S*,
do mocht er jn *J*, enmohte er in (*fehlt A*) dô *A* (*He*).   961
A schiebt in *vor* gebrechen *ein*.   962 hôhen *A* = hoche *S*,
grosse *J*.   963 *er (*Sch*) fehlt JS* (*He*).   965 sînen gesten
AJ = sinem gesinde *S*.   967 Got *JS* = gvot *A*. unser
ruochen *A* = ůns enrůchen *J*, u. gerůchen *S*.   968 *S schiebt*
da *vor* suochen *ein*.   969 ich den hân *A* = ich den hab *J*,
ich habe inn *S*.   973 besigelt *AJ* = uersigelt *S*.

975 nie mohte drûz gewinnen.
gescheiden ist von hinnen
sîn heilic sêle reine.'
sus giengen si gemeine
mit im alle dâ zehant
980 vür daz bette, dâ man vant
Alexium den klâren.
die zwêne die dâ wâren
gebieter in der grôzen stift,
die wolten brief unde schrift
985 vernemen unde schouwen dô.
si sprâchen wider in alsô:
'swie gar wir sünder sîn genant,
sô müezen wir doch disiu lant
berihten und des rîches trôn.
990 ouch ist der werde bâbest vrôn
ein vater aller kristenheit.
got hât gewalt an in geleit
über man und über wîp.
dâ von sô lâz in, sælic lîp,
995 enpfâhen von der hende dîn
den rodel und daz brievelîn
daz behaft dar inne lît.
verhenge daz bî dirre zît

---

975 drûz *A* = dar us *S, fehlt J.*   976 hinnen *AS* =
hinnan *J.*   977 heilic *AS* = sælig *J.*   978 Sus *AS* =
do *J.*   979 im alle *AS* = enander *J.* dâ *fehlt S.*   980 man
vant *fehlt S.*   982 wâren *AS* = warond *J.*   983 grôzen
stift *A* = hochen st. *S,* schönen gestift *J.*   984 *brief unde
schrift *A* = br. u. geschrift *J,* den br. u. die geschrift *S* (den
br. u. die schrift *He*).   985 f. *dô : alsô *JS* = da : alsa *A (He)*.
987 Swie *A* = wie *S,* sid *J.* *gar = wol *S, fehlt AJ (He)*.
sîn = sint *AJS.*   988 müezen *JS* = inveze *A.*   989 *des
rîches trôn *J (H, Sch, Janson)* = des riches cron *S* (die crône
He), bevriden schon *A.*   990 *der werde bâbest vrôn *AJS*
(*H, Sch;* der bâbest vrône *He*).   991 *aller *JS* = al der *A*
(*He*).   992 gewalt *J* = den gew. *AS.*   994 Dâ von *AJ* =
darum̄ *S.* in *J* = ein *A,* du *S.* sælic *AJ* = seliger *S.*   997
u. 998 *umgestellt in J.*   998 dirre *AJ* = der *S.*

daz man gehœre und ouch gelese
1000 waz dar an geschriben wese!'
Nu disiu rede was beschehen,
dô wart ein zeichen dâ gesehen
daz got in allen tet bekant.
entslozzen wart sîn heilic hant,
1005 dâ der brief lac inne dô.
mit disen dingen unde alsô
gienc der bâbest lobesam
dêmüeteclichen unde nam
ûz der hende sîn die schrift.
1010 dar nâch dem schrîber von der stift
winkt er mit zühten unde rief;
er hiez in lesen dô den brief.
Der schrîber der hiez Ethiô,
von dem ein swîgen schiere dô
1015 geschehen in dem hûse was.
den brief betiute er unde las
bescheidenlîche unz ûf ein ort.
und als Eufêmiân diu wort
des brieves hæte erhœret,
1020 dô wart vil gar zerstœret

---

999 man .. ouch *fehlt J.* gehœre *AJ* = gehŏrte *S*. gelese
AJ = seche *S*.   1001 *Nu disiu = nu dise *A* (*He*), nvn do
dise *J*, do nu die *S*. beschehen *AJ* = geschechen *S*.   1003
bekant *JS* = erkant *A*.   1004 *liest S* Das entschlossen wart
sine hant, *J* Den brieff den er hett jn der hant.   1005 *Dâ
JS = wâ *A* (*He*). der brief *fehlt J*.   1008 dêmüeteclichen
S = temveteclich (demüteklich) *AJ*. nam *AJ* = kam *S*.
1009 Ûz der hende sîn *AJ* = Vnd nam im̄ uss siner hande *S*.
schrift *A* = geschrift *JS*.   1010 dem *S* = der *AJ*.   1011
mit zühten *fehlt J*. rief *AS* = rŭft *J*.   1012 dô *fehlt J*.
Nach 1012 schiebt S 12 verse ein (vgl. He anm.).   1013 der
fehlt AJS (*H liest* Der schrîber hiez *A*êtiô).   1014 *liest S*
Von den lŭtë ein schwigen do.   1015 Geschehen *AS* = er-
sehen *J*.   1016 *betiute er = betütet *A*, bedutte er *S* (be-
diute er *He*), tett er vff *J*.   1017 *fehlt J*. *unz *fehlt A*
(*He; vorher* bescheidenlîche *statt* .lichen).

diu vröude sînes herzen.
vil angestbæren smerzen
begunde er üeben alzehant.
von strengen sorgen im geswant,
1025 daz er in unmaht niderviel.
vil manic heizer trahen wiel
ûz sînen ougen lûterlich.
und als er ûf gerihte sich,
dô brach ûz sînem hâre
1030 der edel und der klâre
vil mangen ungefüegen loc.
er zarte mantel unde roc
vil sêre und ouch vil harte.
bî sînem schœnen barte
1035 rouft er sich selben unde zôch.
der herre von geburte hôch
lût unde marterlichen rief.
sîn herze in houbetsorgen tief
vil gar mit grôzem jâmer wiel.
1040 ûf den tôten lîp er viel

1022 *angestbæren S = angestbære A (He), jamerlichū
J. 1023 Begunde A = begond JS. üeben AJ = vol-
bringē S. 1024 sorgen AS = wortē J. 1025 in unmaht
AJ = vor vngemach S, das außerdem dar vor nider ein-
schiebt. 1026 manic A = mēgē J, manger S. heizer trahen
wiel = harter tr. w. A, h. trecher w. S, haissen trähen er da
lie J. 1027 Ûz AJ = vsser S. lûterlich AJ = bitterlich
S. 1029 Dô brach A = er brach J, do růft er S. *sînem
J = sin S, linden A (sîme He). 1032 Er AS = es J. zarte
AJ = zerzarte S. 1033 fehlt J. 1034 *sînem JS =
sîme A (He). J schiebt nach 1034 ein Dz har mit der
schwarten. 1035 *Rouft JS (H) = reiz A (He). *sich
selben (H) = sich selber AJS (im selben He). 1037
*unde (Sch, und He). *marterlichen JS = .liche A (He).
1038 in houbetsorgen J = in den sorgen A, in gauczen
sorgen S. 1039 fehlt S. *Vil gar = gar A (He), so vast
J. mit grôzem jâmer wiel A = jn jamer viel J, 1040
*nach J (H, Sch). A liest Uf den tôten er da viel (He),
S so mit iamer vnde viel vff den dotten libe.

erbermeclichen unde sprach:
'wê mir hiute und iemer ach,
daz ich zer werlte ie wart geborn!
herre und sun vil ûz erkorn,
1045 den ich tôt hie vunden hân,
war umbe hâst du mir getân
sô bitterlichez trûren schîn?
dur waz hâst du die sêle mîn
betrübet hin ze grunde,
1050 daz du sô lange stunde
in mînem hûse wære
und du niht offenbære
dich mahtest mînen ougen?
diu rede ist âne lougen
1055 daz du mir hâst ze herzen
vil siufzen unde smerzen
gesenket alliu mîniu jâr.
ich wânde stille und offenbâr
daz ich gesæhe noch die stunt
1060 daz du mir lebende würdest kunt
und daz ich hœren solte dich.
nû hât ez sô gevüeget sich
daz du mir keine antwürte gîst
und du vor mînen ougen lîst

1041 *Erbermeklichen = erbarmeclichen A (He, auch
1130), gar erbermklich S, erbarmherczeklich J.   1043 zer
werlte = z. welte AJ, ze der welt S.   1044 *vil S = mir
A (He), fehlt J.   1045 tôt hie AS = hie tod J.   1047
bitterlichez S = bitterlichen AJ.   1048 *Dur JS = durch
A (He).   1049 *hin JS = gar A (He).   1051 *mînem =
mînen JS, mîme A (He).   1052 du niht A = da mit J,
dz nit S.   1053—1058 fehlen J.   1053 S schiebt vor vor
mînen ein.   1056 S schiebt vil vor smerzen ein.   1059
gesæhe A = gesach J, seche S. die AS = nie J.   1060
lebende A = lebendig J, lebent S. würdest = wirdest A,
werdist J, wurdest S.   1061 *daz fehlt AJS (He).   1062
hât A = hett J, hast S. sô A = sich J, suss S.   1063 mir
kein antwürte A = m. k. antwurt J, k. antwûrt mir S.   1064
*du JS = nu A (He).

1065 tôt ûf einem bette swach.
    von schulden mouz ich sprechen ach
    und wâfen schrîen iemer.
    von leide sol ich niemer
    enbunden werden noch erlôst.
1070 wâ vinde ich armer solhen trôst
    der noch mîn herze ergeile
    und al die wunden heile
    die dur dînen willen sint
    dar în gehouwen, liebez kint?'
1075   Die klage treip Eufêmiân.
    vil trûrens wart von im getân
    um des tôten herren lîp.
    sîn muoter, daz vil reine wîp,
    dô si vernam diu mære
1080 daz ir sun dâ wære
    tôt vunden zuo dem mâle,
    dô wart ûf grimme quâle
    gereizet ir vil kiuscher muot.
    si tet alsam der lewe tuot,
1085 der sînen schaden richet
    und daz netze brichet
    dar în er ist gevallen.
    vor den liuten allen

1065 *einem *JS* = eime *A* (*He*).   1066 sprechen *AS* = jehen *J*.   1067 wâfen *JS* = vaste *A*.   1068 leide *fehlt J*. niemer *AJ* = niemer me *S*.   1069 Enbunden *JS* = gebvnden *A*. noch *J* = nach *A*, vñ *S*.   1070 solhen = solichen *AJ*, semlichen *S*.   1071 Der noch *A* = dar nach *JS*.   1072 al = alle *AJS*.   1073* dur *J* = durch *AS* (*He*).   1074 Dar în *fehlt J*. gehouwen *A* = gegossen *S*, mir wordn *J*.   1076 trûrens *A* = trurē *J*, wunders *S*. im *AS* = jn *J*.   1077 *fehlt J, das nach* 1078 *einschiebt* Versank jr hercze sit.   1079 *diu (H) = die *J*, diz *A* (*He*), dise *S*. 1081 dem *JS* = den *A*.   1082 ûf grimme *AJ* = uss grim̄em *S*.   1083 ir *AS* = jn *J*. kiuscher *A* = künscher *J*, hocher *S*.   1084 alsam *AJ* = als *S*.   1086 netze brichet = necz zerbrichet *JS*, riet zerbr. *A*.   1088 allen *AS* = alle *J*.

begunde si zerschrenzen
1090 ir kleider unde engenzen
ir wât unmâzen tiure.
diu süeze und diu gehiure
leite ûf klage ir hôhen vlîz.
enpflohten von ir henden wîz
1095 wart ir sîdenvalwez hâr.
ir ougen lûter unde klâr
warf si ze himel unde schrei
sô lûte daz ir möhte enzwei
daz herze sîn gespalten.
1100 die jungen zuo den alten
brâhte si ze leide.
ir blanken hende beide
diu schœne marterlichen want.
und dôs ir rûmes niht envant
1105 vor der manicvalten schar,
daz si niht mohte komen dar
zuo des tôten bette wol,
dô rief diu vrouwe leides vol
und sprach mit jâmers schalle:
1110 'nû stânt ûf hôher alle

1089 Begunde *AJ* = begonde *S*.   1090 unde engenzen
AS = als jr gezem *J*.   1091 wât = wart *AJ*, fröd wart
S. unmâzen tiure *JS* = vnmaze ze stvre *A*.   1092 Diu
AJ = die die *S*.   1093 *S liest* Uff clag leitte iren hochen
flis.   1094 Enpflohten *AS* = entflochn̄ *J*. ir *JS* = irn *A*.
1095 *sîdenvalwez *S* = sidîn valwez *A* (*He*), sidn̄ farwes *J*.
1096 klar *AJ* = dar *S*.   1098 möhte *JS* = mochte *A*.
1099 Daz *AJ* = ir *S*. gespalten *A* = zerspalten *JS*.   1100
zuo den = zuo der (*korrigiert aus* vnn die) *A*, vnd die *JS*.
1102 blanken *AS* = blaiken *J*.   1103 Diu *AS* = da *J*.
1104 *Und dôs ir rûmes = dô si ir r. *A* (*He*), vnd do si jr
libes *J*, vn̄ do si iren gemachel *S*. envant *AJ* = eruant
S.   1105 manicvalten *AS* = manicvalter *J*.   1106 *niht
mohte komen = nit komē mochtend *J*, mochte komen *AS*,
(möhte k. *He*).   1107 bette wol *AS* = bettē also *J*.   1108
rief diu *A* = rûft si *J*, rûfte die *S*. *leides (*H*) = jâmers
AJS (*He*).   1109 jâmers *AJ* = jamer *S*.   1110 stânt *S*
= stent *A*, stönd *J*. hôher = hohen *A*, ir herren *JS*.

dur got von himelrîche
und helfent mir gelîche
daz ich mîn leit beschouwe
und ich vil arme vrouwe
1115 mîn liebez kint gesehen müge.
den sun der inneclichen süge
mîn herze und mîniu brüstelîn,
den lânt mir hiute werden schîn,
dur daz ich in geweine.'
1120 sus trâten si gemeine
ûf hôher unde liezen dar
die vrouwen aller wunne bar
kêren zuo dem bette.
des wart von ir enwette
1125 geweinet unde enwiderstrît.
si viel dâ nider an der zît
ûf den tôten jungelinc.
si stalte jæmerlîchiu dinc
und angestbærez ungemach.
1130 si rief erbermeclichen: 'ach,
sun lieber unde wol getân,
dur got, wie hâst du uns gelân,
mich armen und den vater dîn,
daz du sô lange bist gesîn

1111 *Dur *J* = durch *AS* (*He*).   1112 gelîche *JS* =
glîche *A*.   1113 beschouwe *A* = geschowe *JS*.   1115 liebez
JS = lebez *A*.   1116 Den sun *fehlt S*. der inneclichen
süge *A* = d. i. sugin *J*, den n̄n̄enklichen der da sûge *S*.
1117 mîniu *J* = min *A*, öch min *S*.   1118—1167 *fehlen S*.
Nach 1118 *schiebt J ein* Wō ich bin die mûter sin.   1119
*Dur *J* = durch *AS* (*He*). geweine *A* = weine *J*.   1120
trâten = trurten *A*, tätend *J*.   1121 hôher *A* = höhe *J*.   1122
Die vrouwen = die vrowe *A*, dis frowlin *J*.   1124 enwette
A = ju wette *J*.   1125 unde enwiderstrît *J* = vaste wider
strit *A*.   1128 *stalte *J* (*H*) = tete *A* (*He*).   1129 Und
angestbærez *A* = jn angstlichē *J*.   1130 rief erbermec-
lichen *A* = rûft erbärmdherczklich *J*.   1131 unde wol *A*
= vnd öch wol *J*.   1132 *Dur *J* = durch *AS* (*He*). uns
fehlt J.   1133 armen = arme *J*. *A liest den vers* Von
mir vnu dem vater din.

1135 in unser zweier hûse hie
und daz du doch dar under nie
dich woltest uns erscheinen?
du sæhe uns nâch dir weinen
und ze herzen dicke slahen.
1140 wir guzzen mangen heizen trahen
durch dîne leiden hinevart,
alsô daz uns von dir nie wart
geseit daz du wær unser kint.
wir wâren leider alsô blint
1145 daz uns betrouc dîn bilde
und uns dîn leben wilde
was in allen stunden.
wir beide niht enkunden
erkennen dich ze rehte.
1150 dâ von dir unser knehte
buten mange smâcheit,
daz dô gedulteclîche leit
dîn herze und dîn vil heilic lîp.
ach unde owê mir, armez wîp,
1155 daz ich gewan mîn leben ie!
durch waz hâst du geworben hie
sô griuwelîche, herre mîn,
daz du mir und dem vater dîn
verswige dîn geverte?
1160 wie mohtest du sô herte

1135 *liest* J Bi vns ze waine vñ also hie. 1136 dar
under J = darvnde A. 1138 sæhe A = sæcht J. 1139
herzen dicke slahen A = hercze dik schlachen J. 1140
guzzen A = vergussen J. *heizen (H) = herzen A (He),
fehlt J. 1141 *leiden (H) = leide AJ (He); *vgl.* 299.
1142 Alsô J = alz A, *ebenso* 1144. von dir nie A = nie
von dir J. 1143 wær *fehlt* J. 1146 *liest* J Das vñs
din leben also wild. 1147 Was A = ward J. 1148 en-
kunden A = entbūden J. 1149 Erkennen dich A = be-
denkñ nit J. 1152 *dô (H) = du J, vil A (He). 1154
*unde owê J (H) = unde wê A (He). 1157 *fehlt* J. 1158
mir A = mich J. dem = den AJ. J *schiebt nach* 1158 *ein*
Nie lieste werdñ schin. 1159 *liest* J Und verschwigen
hæst din geuerte.

gesîn, vil herzeliebez trût,
daz du dich stille und überlût
vor uns beiden hæle
und in der nœte quæle,
1165 daz dich dîn eigen hoveschar
hie brâhte zeime spotte gar!'
    Mit disen worten unde also
klagte diu vil reine dô
ir sun getriuwelichen gar.
1170 dar unde dar und aber dar
viel ûf in daz erwelte wîp.
dick über sînen tôten lîp
ir arme si dô spreite.
si twanc in unde leite
1175 an ir vil senftez brüstelîn.
sîn bilde in engelvarwen schîn
verkêret und verwandelt
daz wart von ir gehandelt
schôn unde minneclîche.
1180 diu süeze tugentrîche
dar ûf vil mangen trahen gôz,
der ûz ir liehten ougen vlôz

1161 trût A = kind J.   1162 *liest* J Dú mäire vn-
säglich sind.   1163 hæle A = nåmbd häbe J.   1166 Hie
fehlt A. brâhte = brächte J, brahten A. zeime = zuo eime
A, zů jrem J.   1167 alsô A = alsns J.   1168 *fehlt* J.
*Klagte S = klagete A (*He*). vil *fehlt* S.   1169 Jr J =
irn A, jren S. getriuwelichen A = getrúweklichn J, getrü-
lichen S.   1170 Dar unde dar AJ = darum̄ S.   1172
Dick über AJ = vil dik uff S.   1173 dô *fehlt* S. spreite
AJ = zerspreitte S.   1174 twanc A = zwaug S, nam J.
1175 *liest* J An jrn vil rainē brútelin J.   1176 engel-
varwen = engel farwe J, engelschlichen S, gelwer varwe A.
1177 Verkêret AJ = bekeret S. verwandelt AJ = verwand-
lot was S. 1178 Daz A = des J. von ir gehandelt A =
er geh. J, von ir geh. bas S.   1179 Schôn AS = so J.
*unde (*Sch*, und *He*). S *setzt hie* nach *minneclîche.*   1180
süeze AJ = schône S, *das danach einschiebt* vn̄ die. *tugent-
rîche JS = tugende rîche A (*He*).   1181 ûf AS = uss J.
1182 ir *fehlt* J. liehten AJ = claren S.

vil inneclichen hin ze tal.
diu guote kuste in über al
1185 an sîniu wünneclichen lider.
si rief eht aber schiere wider
zuo den liuten unde sprach:
'ir alle die mîn ungemach
hie sehent unde wizzen,
1190 ir sint dar ûf gevlizzen
daz ir mit mir weinent
und grimme klage erscheinent
durch daz erbermeclîche dinc
daz dirre tôte jungelinc
1195 bî mir sibenzehen jâr
ist gewesen offenbâr
unde er mich dar under nie
gewizzen noch vernemen lie
daz er was mîn eigen kint.
1200 nu merkent alle, die hie sint,
diz wunderlîche wunder,
daz den ich hân besunder
gesöuget an der brüste mîn,
daz der sô herte mohte sîn
1205 daz er sich ie vor uns gehal!
von sînen knehten über al

1183* inneclichen = innecliche A (He), m̄m̄eklichen J,
minnenklichen S.   1184 guote kuste A = gût die kust J,
gottes küsche S. in fehlt S.   1185* wünneclichen J =
wunnencliche AS (He). lider AJ = gelider S.   1186 rief
A = rieft J, rûfte S. eht A = ach J, fehlt S. sider A
= wider JS.   1190 dar ûf AS = gar J.   1193 er-
bermeclîche = erbarmecl. A, erbermkl. S, erbarmdl. J.
1195 A hat zehen zweimal.   1196 S schiebt da nach ist
ein.   1197 *er JS (H, Sch), fehlt A (He). dar under A = da
wider J, darūm S.   1198 Gewizzen noch AS = geschwigñ
vnd J. lie AS = hie J.   1199 was fehlt J. einic J =
eines A, eigē S.   1201* Diz JS (H) = daz A (He). wunder
AJ = ding S.   1202 *Daz den (Sch) = das JS, den A
(H, He).   1204 mohte AS = möht J.   1205 ie AJ =
hie S. vor AJ = von A. gehal A = verhall JS.   1206
Von AJ = vor S.

hât er geliten smæhen schimpf,
wan si begiengen ungelimpf
an im (deist âne lougen).
1210 si spîten under ougen
dem ûz erwelten allen tac.
dâ zuo sô wart er ûf den nac
von ir henden hie geslagen.
begozzen ist er und getwagen
1215 vil harte dicke mit dem labe
daz vil manger schüzzel abe
wart gespüelet hie ze hûs.
nu seht, die marter und den grûs
leit er gedulteclichen ie,
1220 sô daz er uns geseite nie
von sînem dinge ein wörtelîn.
wer ist der nu den ougen mîn
wazzer mit genühte gebe,
durch daz ich al die wîle ich lebe
1225 tac unde naht beweine
daz jâmer niht ze kleine
daz an im beschehen ist!
ich arme sol ze keiner vrist

1207 *geliten *JS* (*H*) = erliten *A* (*He*). smæhen *JS* =
swerin *A*. 1209 deist = daz ist *AJS*. 1210 spîten = spi-
heten *A*, spigten *J*, spuwent *S*. under = im under *J*, im
vnder sîn *S*, im in die *A*. 1211 allen *A* = alle *JS*. 1212
Dâ zuo *A* = dar zuo *JS*. *sô (*H*) fehlt *AJS* (*He*). ûf den
A = uff sinen *S*, von den *J*. 1213 ir *J* = irn *A*, iren *S*.
1214 getwagen = getwahen *A*, bezwagn̄ *J*, betwageu *S*.
1215 *mit dem *AS* (*H*) = mit ir *J* (mittem *He*). 1216 vil
fehlt S. schüzzel *J* = schusseln *A*, schüsslen *S*. 1217 ze
hûs *AS* = vss *J*. 1218 *seht *J* (*H, Sch*) = sehent *AS* (*He*).
1219 *J schiebt* daz *vor* leit *ein*. gedulteclichen ie *AJ* =
gedultenklichen hie *S*. 1221 *sînem dinge *S* = sime dinge
A (*He*), sinē dingē *J*. 1222 der nu *in S umgestellt*. 1223
genühte gebe *AS* = genucht gebn *J*. 1224 *Das erste* ich
fehlt S. 1225 beweine *AJ* = geweine *S*. 1226 ze *AJ*
= so *S*. 1227 im *AS* = mir *J*. beschehen *A* = geschechen
S, gesechen *J*. 1228 *arme (armiu *He*).

vinden alsô rîchen trôst
1230 daz von sorgen werde erlôst
mîn jâmerhaftez herze.
leit und grimmer smerze
muoz dar inne sîn begraben
die wîle ich mac daz leben haben.'
1235 Nu disiu klage ein ende nam,
geslichen dô diu schœne kam
diu sîn gemahel was gesîn.
diu liez ouch marterlichen pîn
an ir lîbe schouwen.
1240 man sach die werden vrouwen
mit rîchem purpur wol bekleit.
ir inneclichez herzeleit
wart sô klagebære
und alsô grôz ir swære:
1245 ez möhte got erbarmen.
si sprach: 'owê mir armen,
daz ich gewan mîn leben ie!
wie bin ich hiute komen hie
ze leides ungewinne,
1250 sît daz ich mîne minne
und mînen vriedel hân verlorn!
den ich ze vriunde hæte erkorn,

1229 alsô *JS* = alse *A*. 1232 *und (unde *He*). grimmer
smerze *A* = grimmen smerczen *JS*. 1233 inne *J* = in *A*.
S liest Mûs ich tragē an minem herczē. 1234 *liest* S Die wil vn̄
ich mag leben. 1235 *Nu *A* = do *J* (*He*), do nu *S*. disiu
klage *AJ* = diser red *S*. nam *J* = habe *A*, wart gebē *S*.
A schiebt danach ein Nv als ich vernomen hau. 1236 Ge-
slichen *A* = beschaidenlich *J*. *dô *J* = da *A* (*He*). *S liest*
Do kam gegangen die uil arme reine *und schiebt danach ein*
Mit sunder clag si sich erscheinde. 1238 marterlichen *A*
= marterlich *J*, vil marterliche *S*. 1239 ir lîbe *AJ* =
irem lip *S*. 1241 purpur *J* = purpul *A*, pfeller *S*. 1242
inneclichez *AJ* = minnenkliches *S*. 1244 alsô *J* = alz
A, so *S*. ir *A* = ire *S*, *fehlt J*. 1245 möhte *JS* =
mohte *A*. 1249 Ze *AJ* = jn *S*. 1251 vriedel *JS* =
vriesel *A*. 1252 vriunde *AJ* = frôden *S*. hæte *J* = hast
S, han *A*.

der ist mir leider hie benomen.
ich bin getreten unde komen
1255 vil gar in leides orden.
ein witwe bin ich worden
und âne trôst verlâzen.
kein trûren sol sich mâzen
ze mîner grimmen herzeklage.
1260 von schulden muoz ich mîne tage
erbermeclîche weinen,
wan ich enhân dekeinen
den ich von herzen gerne sehe
und dem ich holdes muotes jehe
1265 beid offen unde tougen.
der spiegel mîner ougen
ist zerbrochen sêre.
mîn vröude und al mîn êre
sint versenket und begraben.
1270 vil strenge swære sol ich haben,
diu mir ân ende wirt gegeben.
die wîle daz ich hân daz leben,
sô muoz ich sîn an vröuden tôt
durch daz jâmer und die nôt
1275 daz ich stille und überlût
vor mir sach mîns herzen trût
und ich des niht erkande.
owê vil manger hande

1254 Ich *AJ* = vn̄ *S*.　　1256 *witwe *JS* = witewe *A*
(*He*).　　1257 verlâzen *AS* = verlaussen *J*.　　1258 trûren
AS = trûwe *J*.　sich *A* = ich *JS*.　　1259 grimmen *JS* =
grimmer *A*.　herzeklage *A* = herczenklage *JS*.　　1260
schulden *AJ* = schaden *S*. 1261 Erbermeclîche *A* = er-
bermklichen *S*, erbarmherczeklich *J*.　　1262 Wan *AS* =
wō *J*.　enhân *A* = han *JS*.　1264 ich *fehlt J*.　*S schiebt*
da *nach* ich *ein*.　holdes *A* = hohes *J*, huldes *S*.　muotes
jehe *AJ* = mûge jechen *S*.　1265—1286 *fehlen J*.　　1265
unde *A* = vnd ůch *S*. 1268 al = alle *A*.　*S liest* Mit frôden
vnd alle mine ere.　　1270 swære *S* = tage *A*.　　1271 ân
ende wirt *S* = armer sint *A*.　　1272 hân daz *A* = mag *S*.
1273 sîn an vröuden *A* = arme ane fr. *S*.　　1276 sach *A*
= seche *S*.

leides daz mir ist beschert!
1280 an vröuden ich muoz sîn verhert
und iemer lebende sterben.
mîn wunne sol verderben
und al mîn rîchiu zuoversiht,
wan ich vil arme enruoche niht
1285 swaz mir leides ist beschehen,
und sol mich nieman vrô gesehen,
sît daz ich hân mîn liep verlorn,
daz ich ze vröuden ûz erkorn
hæte mir aleine
1290 vür al die werlt gemeine.'
  Dur den vil klagebæren pîn
der dâ geschach an disen drîn,
wurden liehtiu ougen rôt.
si weinden alle ir drîer nôt
1295 ûz inneclichem herzen.
ir jâmer unde ir smerzen
klagten beide junc und alt.
von rîcher koste manicvalt
ein bâre schiere was bereit,
1300 dar ûf der tôte wart geleit

1279 mir ist beschert *A* = ist mir beschechen *S*. 1280 vröuden *fehlt S.* 1281 *liest S* In leide muͦs ich yemer streben. 1283 *rîchiu (*Sch*) = rîche (*He*). *S liest* Vnd alle im frôd ersterbē. 1284 enruoche = ruoche *A, fehlt S.* 1285 *Swaz mir leides = daz mir leides *A*, vnd das leid dz mir *S* (daz mir liebes *He*). 1286* *liest S* Vnd sol mich niemā me frôlich sechē, *A* (*He*) und man mich iemer vrô gesehen. 1287 *daz *fehlt A* (*He*). 1288 vröuden *AS* = frôd *J*. *J schiebt* hett *vor* ûz *ein,* *S* hatte. 1290 Vür *AJ* = durch *S*. al *A* = alle *JS.* werlt *fehlt J.* *S schiebt 20 verse ein (vgl. He anm.).* 1291 *Dur den = durch den *A*, durch die *S*, do der *J*. klagebæren *AS* = klagn̄bare *J*, cleglichen *S*. 1292 Der *A* = die *S*. an *A* = von *S*. *J liest* Vnd mā sach die sware. 1293 liehtiu *AJ* = uil liechter *S*. 1294 *alle ir *JS* (*H, Sch*) = alle der *A* (al der *He*). 1295 inneclichem *AJ* = minnenklichem *S*. herzen *S* = herze *A*. 1296 Ir . . . ir *AS* = jra . . . iren *J*. 1297 *Klagten *JS* = klageten *A* (*He*). 1299 *was *J* = wart *AS* (*He*). 1300 *S schiebt* sichere *vor* wart *ein.*.

und mitten in die stat getragen.
man hiez den liuten allen sagen
daz man den menschen vunden
hæte bî den stunden
1305 der alsô heilic wære.
durch daz vil süeze mære
wart vil manic herze vrô.
die bürger giengen alle dô
der bâre engegen âne spot.
1310 dô liez der ûz erwelte got
vil manic zeichen werden schîn.
wan swer an den geliden sîn
was versêret oder wunt,
der wart vil schiere dâ gesunt
1315 swenne er zuo der bâre kam.
vil manic ûzsetziger nam
an sich reineclîche kraft,
und swer besezzen und behaft
mit dem bœsen geiste was,
1320 der wart erlœset und genas
in des vil werden gotes namen.
ouch wurden blinden unde lamen
ir swæren sühte dô genert.
den siechen allen wart beschert

1301 mitten *A* = enmitten *JS*. in *J* = in in *S*, hin
durch *A*.   1304 *hæte *JS* = het nu *A (He)*. den *AS* =
disen *J*.   1305 Der alsô *JS* = da alz *A*.   1307 manic
AS = mēges *J*.   1308 giengen alle *J* = gienge a. *A*, a.
giengent *S*.   1309 *S schiebt* allen *vor* spot *ein*.   1311
werden *AJ* = wurden *S*.   1312 Wan swer *A* = wō wer *J*,
wann wer *S*. geliden *AJ* = gelideren *S*.   1315 Swenne *AS*
= eweñ *J*.   1316 ûzsetziger *AS* = ussezig *J*. nam *A* =
man *JS*.   1317 *fehlt J*. *S schiebt* nam *vor* an *ein*. reinec-
lîche *A* = reinikeit vñ *S*.   1318 swer *A* = wer *JS*. be-
haft *A* = beheft was *S*.   1319 was *AJ* = wüssent das *S*.
1320 wart *JS* = war *A*. erlœset *A* = gelôset *JS*. genas
AJ = enthaft *S*, *das danach einschiebt* Durch die werden
gottes craft.   1323 sühte = svchten *AJS*. dô = da *J*,
fehlt AS.   1324 allen *fehlt S*.

1325 daz si gesuntheit vuorten.
wan swenne si geruorten
die bâre, sô wart in gegeben
kraft unde ein vröudenrîchez leben.
Und dô die keiser sâhen
1330 daz alsô vil geschâhen
zeichen an ir gnuogen,
die bâre si dô truogen
selbe zuo dem münster hin
durch daz heil und den gewin
1335 daz si müesten werden
gesegent ûf der erden
von des herren heilekeit
der ûf die bâre was geleit
und alsô manic wunder tete.
1340 ouch wart der bâbest an der stete
mit in die bâre tragende.
waz sol hie mê ze sagende?
dô wart ein grôz unmâze
geworfen an die strâze
1345 von silber und von golde rôt,
durch daz den liuten würde nôt

1325 vuorten *JS* = borhten *A.* 1326 swenne *A* =
wenne *JS.* geruorten *AJ* = berûrtent *S, das davor ein-*
schiebt m̄ *da.* 1327 *S setzt* vnd *vor* Die. sô *AS* = do *J.*
in gegeben *A* = jn̄ gebn̄ *J,* inē gebē *S.* 1328 ein *fehlt S.*
vröudenrîchez *S* = vroelichen *A,* frôlich *J. S schiebt 8 verse*
nach 1328 *ein (vgl. He anm.).* 1329 *liest S* Und do das
die zwen keyser ersachen. 1331 an ir gnuogen *A* = a. i.
genûgen *S,* vor ir ögen *J.* 1332 *J schiebt* die *vor* si, *S*
selber *nach* dô *ein.* 1333 Selbe *A* = selber *JS.* 1335
müesten *A* = mûstend *J,* musten *S.* 1336 *Gesegent =
gesegenet *A (He),* gesigelt *J,* geseligett *S.* der *JS* = dirre
A. 1337 herren *JS* = heiligen *A.* heilekeit *AS* = sâli-
keit *J.* 1338 Der ... was *AS* = dar ... wart *J.* 1339f.
tete: stete = tet: stet *AJS.* 1340 bâbest *A* = babst *JS.*
1341 in *AJ* = inen *S.* tragende *AS* = tragen *J.* 1342 sol
hie mê *A* = ist hie vō me *J,* duchte me *S.* sagende *S* =
sagenne *A,* sagen *J.* 1343 Dô *S* = da *AJ.* 1345 golde
rôt *AJ* = rotem gold *S.* 1346 würde = wirde *A,* wurde *S,*
ward *J.*

hin zuo dem schatze bî der zît,
sô daz si niht enwiderstrît
drungen zuo der bâre.
1350 der heilig und der klâre
wart in daz münster schiere brâht,
dâ sîn vil schône wart gedâht
mit götlichem ruome.
man sprach in deme tuome
1355 lop unde prîs vil manger slaht.
im wart gewachet siben naht
mit gesange und mit gebete.
und dô diu woche ein ende hete,
dô was mit hôhem vlîze starc
1360 bereit ein wünneclicher sarc
von golde und von gesteine.
dar în sô wart der reine
mit hôhen êren in geleit.
man bôt im ganze werdekeit
1365 nâch der wâren schrifte sage.
und dô man sibenzehen tage
vertreib des höuwetmânen wol,
dô wart daz grap sô rehte vol

1348 enwiderstrît *AJ* = hin w. str. *S*.   1349 Drungen
AS = trûgent *J*.   1351 schiere *AS* = sicher *J*.   1352 Dâ
AJ = das *S*. vil *fehlt J*. schône *A* = schiere *JS*.   1353
*götlichem *S* = gotlicheme *A*, gotlichē *J* (gotelichem *He*).
1354 deme *A* = dem *S*, dē *J*.   1355 prîs *AJ* = ere *S*.
1356 siben *A* = vil menig *J*, mange *S*.   1357 gesange *S*
= sang *AJ*. *S schiebt beide vor* und *ein*.   1358 Und dô
AS = e *J*. woche = woch *J*, wuche *A*, wuchen *S*. hete
AS = nam *J*, *das danach einschiebt* Und es jn die statte kam.
1359 was *AS* = ward *J*. hôhem *JS* = hohen *A*.   1360
S setzt jū *vor* Bereit. wünneclicher *AS* = m̄neklicher *J*.
1363 *hôhen *JS* (*H*) = grôzen *A* (*He*). in *A* = dar jn *J*, do *S*.
1365 schrifte *A* = geschrifte *JS*.   1367 *des höuwetmânen
(*Janson*) = des herbestes m. *A*, des herpst m. *S*, der herbist
monot *J* (des herbstes mânen *He*).   1368 Dô *AS* = des
J. sô rehte vol *AJ* = vol alles *S*.

von süezem ruche, in dem er lac,
1370 als aller guoten würze smac
drunge von dem sarke.
des lobte man dô starke
den werden got besunder,
der alsô manic wunder
1375 tet an sînem knehte schîn
unde ouch durch den willen sîn
vil manic zeichen sît begie.
swer in ûf erden êret hie
und im gestât mit dienste bî,
1380 der mac von sünden werden vrî.

Dâ von sô râte ich gerne deme
der sîn leben hie verneme
und von im diz getihte lese,
daz er im undertænic wese
1385 mit ganzen triuwen iemer.
sîn trôst verlât si niemer
die sich ûf sîne gnâde lânt.
von Basel zwêne bürger hânt
sô rehte liebe mir getân
1390 daz ich von latîne hân

1369 Von *fehlt S.* süezem *A* = süssen *J*, gûttes *S.*
ruche = rovche *A*, röch *J*, schmakes *S.* in dem *AS* = dar
jnne *J.* 1370 guoten *J* = guoter *AS.* 1371 *Drunge *S*
(*H, Sch*) = drungen *A* (*He*), trugend *J* 1372 Des *AJ* =
das *S.* *lobte *JS* = lobete *A* (*He*). dô *S* = so *AJ.* 1374
alsô *JS* = alse *A.* manic *AJ* = grosse *S.* 1375 *sînem
knehte *S* (*H*) = sîme kn. *A* (*He*), sinē knechtn *J.* schîn *fehlt S,
das danach einschiebt* Der wise und der gerechte. *S schiebt
ferner nach* 1376 *ein* So tû vns din genade schin. 1877
manic *AJ* = maniges *S.* sît *AJ* = sider do *S.* begie *AS* =
beging *J.* 1378 *ûf erden *J* (*H*) = vff der erden *S,* ûf ertrîch
A (*He*). êret *fehlt S.* 1379 Und *fehlt S.* dienste *AS* =
ere *J.* 1380 von *fehlt S.* *sünden *JS* (*H, Sch*) = schulden
A (*He*). 1381 gerne *fehlt S.* deme = dem (: vernem) *A,*
fehlt J, dir me *S.* 1382 leben *AJ* = lesen *S.* 1385
ganzen *JS* = ganzer *A.* 1386 si *A* = in *JS. J schließt
mit* 1386. 1387 gnâde *A* = genade *S Nach* 1388 *schiebt S
ein* Diss mer uff dútsch geticht. 1389 *liest S* Vñ mir so recht
liep getan. 1390 *A schiebt es hinter* ich *ein.* von *A* = usser *S.*

diz mære in tiusch gerihtet.
ez wart durch si getihtet
gern unde willeclichen doch,
daz man dâ bî gedenke ir noch
1395 und mîn vil tumben mannes.
von Bermeswîl Jôhannes
unde ouch Heinrich Îsenlîn,
die zwêne vlîzic sint gesîn
daz ich ez hân zeim ende brâht.
1400 des werde ir noch von den gedâht
die diz getihte hœren lesen.
si müezen beide sælic wesen
an lîbe und an der sêle dort.
got gebe in stæter vröuden hort
1405 und êweclicher wunnen rât,
und daz ich armer Kuonrât
von Wirzeburc gelebe alsô
daz mir diu sêle werde vrô:
1410 des helfe mir der süeze Krist,
der got bî sînem vater ist
bî sîner zeswen sîten
ân ende zallen zîten.

1391 *fehlt* S. 1392 wart durch si *A* = durch si han *S*.
1393 *unde (Sch,* und *He).* *willeclichen* = willenklichen *S*,
willecliche *A (He).* doch *fehlt* S. *Nach* 1393 *schließt* S *mit*
folgenden versen Das üns got alle füre in das himelriche
Vnd wir da mit im̄ lebent ewenkliche Dar zů helf vns gott
der vatter vnd der sun Vnd der heilig geist yemer vnd nun
amen. 1399 zeim = zuo *A*. 1400 werde = werden *A*.
1411 *sînem = sîme *A (He).* 1413 zallen = zvo allen *A*.

www.ingramcontent.com/pod-product-compliance
Lightning Source LLC
Chambersburg PA
CBHW050129030726
47505CB00007B/2100